数据资产

企业数字化转型的底层逻辑

蒋麒霖 郭丹 ◎著

机械工业出版社
CHINA MACHINE PRESS

图书在版编目（CIP）数据

数据资产：企业数字化转型的底层逻辑 / 蒋麒霖，郭丹著 . —北京：机械工业出版社，2023.11

ISBN 978-7-111-74097-1

Ⅰ.①数…　Ⅱ.①蒋…②郭…　Ⅲ.①企业管理－数字化－研究　Ⅳ.① F272.7

中国国家版本馆 CIP 数据核字（2023）第 201594 号

机械工业出版社（北京市西城区百万庄大街 22 号　邮政编码：100037）
策划编辑：谢晓绚　　　　　　　　　责任编辑：谢晓绚
责任校对：杨　霞　牟丽英　韩雪清　责任印制：郜　敏
三河市国英印务有限公司印刷
2024 年 1 月第 1 版第 1 次印刷
170mm×230mm・18 印张・1 插页・222 千字
标准书号：ISBN 978-7-111-74097-1
定价：89.00 元

电话服务　　　　　　　　　网络服务
客服电话：010-88361066　机　工　官　网：www.cmpbook.com
　　　　　010-88379833　机　工　官　博：weibo.com/cmp1952
　　　　　010-68326294　金　　书　　网：www.golden-book.com
封底无防伪标均为盗版　机工教育服务网：www.cmpedu.com

谨以此书献给背后支持我们的家人
池欣欣、蒋昕辰、孙洋洋、郭睿欣、郭睿钦

联合感谢

北京和君恒成企业顾问集团股份有限公司

中国开发区协会产业发展专业委员会

浙江省中小企业协会县市区产工委

北京博雅产学研科技发展院

浙江溪岩科技发展有限公司（溪源智库）

北京丹诚资产管理有限公司（丹诚资本）

北京丹信文化传播有限公司（丹信文化）

北京钛钰科技咨询有限公司

FOREWORD 1 │ **推荐序一**

　　知识发展到顶点，数字经济来临！建立在数据基础上的数字经济成为一种新的经济社会发展形态，并形成新动能，重塑了经济发展结构，深刻改变了生产和生活方式。数字经济有两个典型作用：一是创造新的产业，如新零售、新制造等；二是为传统产业（农业、工业、服务业等）赋能。

　　中国进入新时代，创新引领社会高质量发展，数字经济成为中国社会经济发展的新动能。在技术层面，数字经济通过技术革新，极大地促进了原有产业的降本增效；在社会层面，新技术、新应用增加了新的产业机会；在文化层面，数字经济将推动新的人类社会文明结构的形成和发展。

　　2023年2月，中共中央、国务院印发了《数字中国建设整体布局规划》，明确指出，建设数字中国是数字时代推进中国式现代化的重要引擎，是构筑国家竞争新优势的有力支撑。加快数字中国建设，对全面建设社会主义现代化国家、全面推进中华民族伟大复兴具有重要意义和深远影响。

蒋麒霖、郭丹博士撰写的《数据资产：企业数字化转型的底层逻辑》一书，系统地描述了数字经济时代产业发展的思路、路径和相关机遇，并结合企业数字化转型研究及自身服务企业数字化转型的实际经验，通过全产业链的数字化创新实践案例，将数字化转型从思考到落地进行了详细描述。

本书从企业数字化转型实操出发，从互联网和产业互联网融合的视角，为企业提供了有效的参考路线，既有关于数字经济、企业数字化转型的实践案例，又有在实践之上的理论高度，可以为广大企业实践提供系统和可落地的参考。对于政府部门、研究机构和数字经济学习者，本书也有借鉴意义。

诸灵

国际欧亚科学院创新发展研究院院长

2023 年 3 月 5 日

FOREWORD 2 | 推荐序二

管理学大师彼得·德鲁克说："只有能被量化的，才能被管理。"在数字经济时代，数字化不仅仅是"生产工具"，同时也是"度量工具"。企业的数字化转型将深刻影响企业的生产经营、管理运作和组织变革，可以在更广的宽度、更大的深度和更高的价值上，影响和改变企业的业务创新和管理变革。

企业家必须跟上数字化转型大潮，运用现代化的新技术去改变过去制造产品、经营企业的方式，给客户乃至合作伙伴提供更高的价值，同时为企业注入符合这个时代脉搏的新动力。

蒋麒霖、郭丹博士撰写的《数据资产：企业数字化转型的底层逻辑》一书，针对企业数字化转型给出了建议，让极度复杂的数字化转型工作有了明确的指南，为各行各业正在思考如何进行转型的朋友提供了有力的帮助。

书中提到企业数字化转型必然需要通过"组织再造"的方式，

结合数字经济时代企业经营新要求，通过开放性创新构建企业内外的高度协同，创造新价值，这在我近些年服务企业时深有体会。数字经济时代企业的机制和结构设计，必然要突破过去金字塔式的组织结构，打破封闭与界限。企业与产业间的分工与协同能带来更敏锐的感知和更快速的响应，也对公司更灵活的组织方式提出了需求。

互联网的核心价值在于用数据打通多个产业环节，通过数字化技术优化产业链从生产到消费终端的每个环节，优化供需匹配效率，实现在采购上的库存优化、在生产上的质量管控、在分销上的追踪溯源、在销售上的精准营销，以及在服务上的体验升级，最终达到价值提升、降本增效的核心目的。

企业生产经营过程中单一业务环节的数字化，将助力生产效率的提升。而本书中表明了一个核心观点：企业只有将全产业链、全业务通过数字化技术进行贯通，构建全新的公司治理机制，才能够形成更加高效和灵活的组织形态，并催生一种新的盈利机制与商业模式。

本书分析了工业经济时代以来那些亘古不变的商业规律，让读者们看到数字经济时代商业模式的创新与颠覆，以及赋能市场经济下的企业经营者们标准的模式和严谨的底层逻辑，不仅让他们能够找到新时代的"船票"，更能以此为依据，打造企业经营的"护城河"。

蔡萌

和君恒成董事长

中国中小企业协会副会长

大金重工、亲亲股份独立董事

2023 年 3 月 9 日

PREFACE ｜ 前言

　　尼古拉·尼葛洛庞帝在《数字化生存》中，对数字时代有这样的预言："我们无法否定数字化时代的存在，也无法阻止数字化时代的前进，就像我们无法对抗大自然的力量一样。"

　　数字化已成为巨变时代国家、产业、企业间发展的分水岭，加速了核心竞争优势的此消彼长。在美国银行 2020 年发布的一份报告中，美国科技公司市值已达 9.1 万亿美元，超过欧洲所有上市公司市值之和，而在 2007 年美国科技公司市值仅是欧洲所有上市公司市值的四分之一⊖。过去十年，IBM 市值没有太大变化，微软市值涨了 20 倍，美国风电公司 NextEra 市值超过埃克森美孚，总收入只有后者的十分之一。

　　当前世界经济受互联网信息"穿透"的影响日益显著，人们已

⊖　东方财富网. 全球企业动态：美国科技板块市值超过整个欧洲股市 [EB/OL].(2020-08-29)[2023-03-20].https://caifuhao.eastmoney.com/news/20200829075350193326480.

经普遍认同信息在充分流通的情况下，深度的数据资产价值挖掘和利用所带来的更高品质、更低价格的产品与服务，将会颠覆每一个行业、每一个企业乃至每一个人的生活。即使那些被认为不会受到影响的政府和司法系统，也早已开始尝试数字技术，以提升政府涉及的公共服务业务能力。众多国家认识到数字化应用的重要性，推进其成为国家战略。

2020 年美国发布的《关键与新兴技术国家战略》中明确指出要成为关键和新兴技术的世界领导者，对科学、技术、工程和数学教育等方面进行持续、长期投资。美国国防部发布了《数据战略》报告，提出成为一个以数据为中心的机构，通过快速规模使用数据重构决策体系，来获得作战优势和提高效率的愿景。

2021 年欧盟推出的"2030 数字罗盘"计划中明确提出：到 2030 年，90% 以上的中小企业应达到基本的数字化水平；制造业企业要实现云计算服务、大数据、人工智能的大规模部署。

我国在《中共中央关于制定国民经济和社会发展第十四个五年规划和二〇三五年远景目标的建议》中 6 次提到数字化，并明确指出加快数字化发展，强调科技创新、产业发展等重点领域的思路和工作重点。

当前已经上升到国家战略的数字化应用，必然是企业早已关注的事务。然而，从《哈佛商业评论》调研的结果来看，全球 1350 家大型工业企业在数字化转型方面的投资总计超过 1000 亿美元，但预期结果往往难以实现。麦肯锡的统计报告指出，企业数字化转型成功率仅为 20%，高科技、媒体或电信等企业，数字化转型的成功率也不超过 26%；传统的石油、天然气、汽车、基础设施和制药等企业，转型的成功率仅为 4% ~ 11%。

随着"数字化"热潮兴起，我们看到各行各业的专家都在提出关于数字化、数字产业化、产业数字化等相关概念，也看到很多转型现象，对此很多人的态度褒贬不一、众说纷纭。

为什么企业数字化转型的成功率低？笔者不断和行业领域的业务专家、高校学者乃至政府职能部门成员等拥有不同专业技能、处于关键视角的人员交流，得出一个普遍的结论：当前物联网、大数据、云计算、人工智能、元宇宙（Metaverse）等概念"满天飞"，貌似数字化的供给不仅充足，而且无处不在、无所不能，但事实上，今天企业数字化转型的痛点恰恰是全球数字化行业解决方案供给能力不足造成的。

基于结论我们判断：因为"数字化转型"的本质和底层逻辑没有被识别出来，所以企业的数字化转型只能像以前信息化改造那样，头痛医头、脚痛医脚。企业实践时就会感觉数字化转型有很多事要做，也有很多种做法，但又不知道哪些是自己该做的事，哪些做法适合自己，更不知从何做起。本书就"数据资产"和"数字化转型"提出自己的理解，和读者一起体悟数字化转型的底层逻辑。

相对于同类书籍，本书没有探讨数字化或互联网相关技术这一层面的问题，而是尝试从企业经营发展、全新资产（数据资产）打造的视角去探寻企业数字化转型过程中更底层的逻辑。

结合这十年来从事数字经济相关业务，以及服务央企、国企、上市公司和区域龙头企业的经验，我们将企业数字化转型的底层逻辑定义为：构建并优化数据资产，让企业自身的效能、品质与规模螺旋上升。这也是本书名字的由来。

本书上篇将详细解读"技术发展给商业世界带来的改变"，阐述信息化、互联网等技术发展给商业带来的革命性变化与创新，实际给到社会、企业的价值和权益是什么，具体如图 0-1 所示。

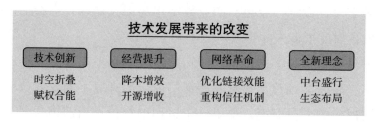

图 0-1　技术发展带来的改变

第 1 章介绍了在以互联网技术为核心的应用与创新下，企业通过时空折叠、赋权合能的方式，在降本增效、开源增收及经营可视化监管与决策方面获得的价值，进而延展到互联网技术对传统商业网络、商业模式带来的变革。

第 2 章描述了商业网络的组织形式与内涵，以及互联网技术、数字经济给行业、产业链与企业协同、创造价值方式带来的改变。通过广度、深度、高度、速度的商业网络改变模型，拆解不同商业网络下企业与员工、客户、供应商及其他商业合作伙伴的演变与未来。

本书的中篇通过描述"市场竞争下的时代旋涡"，阐述当前时代经济基于（政策＋科技）× 资本的发展态势，以及在工业化、产业化与信息化、技术化相结合的双生镀金时代中，数字经济的发展现状及实体经济产业被数字化渗透的趋势和全新数据资产的演进与逐步形成的商业生态，具体如图 0-2 所示。

第 3 章通过阐述美国的两个镀金时代，描绘了当前中国双生镀金时代下的经济发展情况，解读了整个产业周期和产业数字化的发展趋势，基于市场竞争已经陷入数字化旋涡的实际情况，助力读者了解政府、企业推进数字化转型的本质原因。

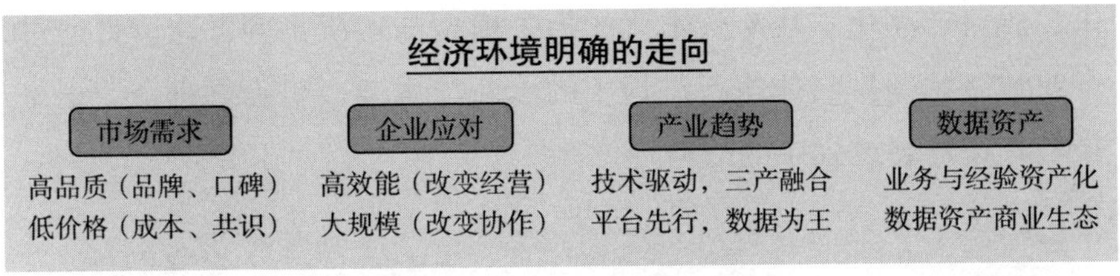

经济环境明确的走向			
市场需求	**企业应对**	**产业趋势**	**数据资产**
高品质（品牌、口碑） 低价格（成本、共识）	高效能（改变经营） 大规模（改变协作）	技术驱动，三产融合 平台先行，数据为王	业务与经验资产化 数据资产商业生态

图 0-2　经济环境明确的走向

　　第 4 章描述了与第一产业相结合的乡村振兴、与第二产业相结合的智能制造、与第三产业相结合的现代服务相关的定义与发展过程。从一个又一个政策规划、企业发展的实操案例中，将数字化技术与商业价值相结合的经营模式进行了深度剖析。

　　第 5 章描述了工业化时代、信息化时代与数字化时代发展过程中，不断沉淀、演进并形成的数据资产商业形态。从基础设施、平台打造到应用填充的维度，描述当前数据资产存在的机遇与商业价值。

　　本书下篇"转型升级的路线图"将利用系统的思考框架与决策模型，通过客观的评估方法，助力企业经营者或者数字化转型负责人规划数字化转型的目标以及数字化转型后企业发展方向，进而针对企业数字化转型的具体执行流程与指标构建自身的跟进体系，具体如图 0-3 所示。

　　第 6 章让企业经营者或数字化转型负责人通过"手中有图""心中有谱"的方式，洞见企业资源和能力的全局情况，规划出相对明确的发展目标，并从以终为始的角度，依据"企业迈向怎样的未来"这一目标构建自己的行动方案，进而梳理出"企业想要更好地生存乃至发展，要解决怎样的问题"。

　　第 7 章通过分析存量和增量两个方向的选择，配上战略品牌化、战略产品化、战略资本化的相关模型与实操案例，让读者通过企业数字化转型具体执行过程中的诊断与思考，明确自身企业未来转型升级发展过程中的战略定位。

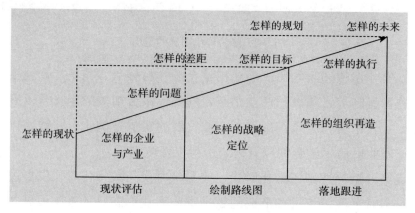

图 0-3　企业转型升级的路线图

第 8 章通过分析一个具体的大型连锁企业数字化转型的实操案例，分别从运营机制和组织结构两个模型的设计和调整入手，让企业的经营者理解数字化转型不是凭借企业经营者的"灵光一现"就能够最终落地的。企业要在洞见全局、战略定位明确的情况下，进一步思考团队应如何完成企业数字化转型的落地。这不仅需要企业通过一套全面研究、系统思考、谨慎规划、不断优化的模型体系绘制出路线图，更要通过业务调整、组织再造的方式不断测试与调整组织的发展策略与战略规划。

人类为了更美好的生活，足迹穿越了狩猎时代的森林、农耕时代的平原、工业时代的城市，正在从物理世界进入一个全新的世界。在数字经济时代，越发激烈的市场竞争带给企业挑战与危机，在此过程中，消费者对于更美好生活与更高品质服务的需求也带来了企业的发展机遇。

　　企业的发展历程和人生一样，曲折漫长、荆棘密布却又柳暗花明，这也是经营企业的魅力所在。

　　笔者作为时代的见证者和参与者，不能说自己沉淀的观点和模型是正确的，只想把十余年来服务、经营企业打造数据资产的过程整理成书，将自己的经验与认知分享给更多的人。

　　如果这本书能够给到你们启发，这就是我们最高兴且荣幸的事情。

蒋麒霖　郭丹

2023 年 8 月

名词解释

为了让读者更准确地理解本书的表述，我们会先明确一些概念和名词所表达的含义，便于读者更好地阅读与理解。

B2C

该词从 Business-to-Consumer 简化而来，在英文中"2"的发音同"to"，B2C 意为"面向用户提供商业服务"。B2C 强调企业服务的主体是"个人"。

B2B

该词从 Business-to-Business 简化而来，意为"面向企业提供商业服务"。B2B 强调企业服务的主体是"企业"。

B2G

该词从 Business-to-Government 简化而来，意为"面向政府提供商业服务"。B2G 强调企业服务的主体是"政府"。

B2b2C

在消费互联网时代，泛指一种新的网络通信销售方式，是英文"Business to business to Consumer"的简称。B 指广义的卖方（即成品、半成品、材料提供商等），b 指交易平台，即为卖方与买方提供联系的平台，同时提供优质的附加服务，C 指买方。卖方不仅仅是公司，还包括个人，即一种逻辑上的买卖关系中的卖方。平台绝非简单的中介，而是提供高附加值服务的渠道机构，是拥有客户管理、信息反馈、数据库管理、决策支持等功能的服务平台。

S2b2C

阿里巴巴前总参谋长曾鸣教授提出了 S2b2C 模式。他认为，行业里存在大量的高度分散的小商户 b（小写 b 表示体量小），有接触和服务 C 端用户的强大能力，但缺乏标准化供应链的支持，难以做大做强。因此，它们需要一个供应链平台 S，来提供立体化的赋能（服务），放大它们与 C 端用户之间的交易规模。

草莽企业

草莽企业是创始人仅依靠自身的能力、资源，乃至一个想法就开始创业，形成的小型企业。这类企业自身毫无产业话语权。

腰部企业

腰部企业是在区域或所在行业占据了关键位置，并掌握一定话语权的企业。

头部企业

头部企业是在区域或所在行业内形成了一定的垄断，并且面对任何竞争对手，有着"结束一场战争"的实力的企业。

领先企业

领先企业是产业中已经做到"快人一步"的状态，面临破圈升级，完成变革与进化的企业。

本书适合阅读人群

如果你是企业的经营者、合伙人、高管、创业者，或者是企业IT 部门的负责人、数字化转型的服务从业者，如果你关注数字经济时代如何推动企业转型升级成功落地，那么本书将会是你受益匪浅的工具书。

声明：本书提到的所有案例及分析，只代表笔者自己的观点，与服务或者参与经营的企业观点无关。

CONTENTS ｜目录

联合感谢

推荐序一

推荐序二

前言

名词解释

上篇｜技术发展给商业世界带来的改变

第 1 章　企业经营的改变 5

1.1　技术革命推动商业创新 6

1.2　稳健经营与业绩提升 26

第 2 章　商业网络的改变　48

2.1　点对点规模化网络　50

2.2　双边撮合网络　52

2.3　多边协同网络　57

中篇 | 市场竞争下的时代旋涡

第 3 章　双生镀金时代　70

3.1　数字经济的发展现状　71

3.2　数字经济的产业渗透　74

3.3　技术改变工作模式　78

第 4 章　产业发展趋势　102

4.1　现代服务　104

4.2　智能制造　124

4.3　乡村振兴　130

第 5 章　数据资产推进组织转型升级　148

5.1　数据资产的演进　149

5.2　数据资产的商业生态　166

下篇 | 转型升级的路线图

第 6 章　全局洞察　　　　　　　　　　　　　180

　　6.1　手中有图　　　　　　　　　181

　　6.2　心中有谱　　　　　　　　　197

第 7 章　战略定位　　　　　　　　　　　　　208

　　7.1　两个方向选择　　　　　　　209

　　7.2　三个战略工具　　　　　　　222

第 8 章　组织再造　　　　　　　　　　　　　232

　　8.1　运营机制设计　　　　　　　233

　　8.2　组织结构调整　　　　　　　249

后记　　　　　　　　　　　　　　　　　　　264

技术发展给商业世界带来的改变

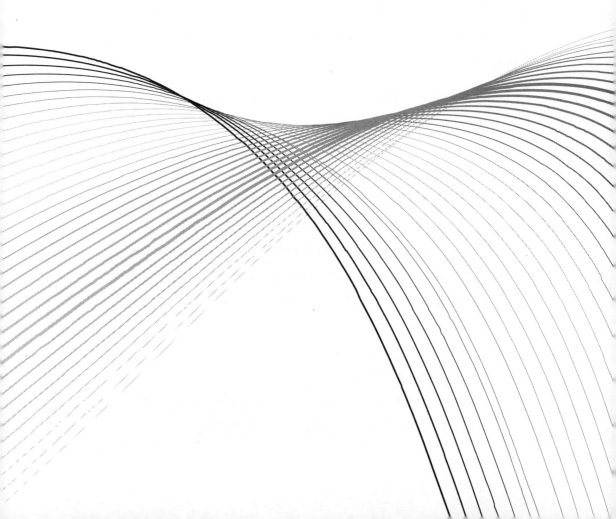

提到数据资产，就不得不提越来越火的数字化转型。2021年12月，《工业和信息化部关于印发"十四五"信息化和工业化深度融合发展规划的通知》（工信部规〔2021〕182号）中强调信息化和工业化深度融合是中国特色新型工业化道路的集中体现，是新发展阶段制造业数字化、网络化、智能化发展的必由之路，是数字经济时代建设制造强国、网络强国和数字中国的扣合点。

由此可见，政府当前判定组织的信息化改造之路尚未完成。而自从数字化转型热潮兴起，就很少有人再提起信息化或信息化改造了。事实上，信息化和数字化既有区别又有紧密联系。数据资产本质是信息化、数字化之后的产物。

从国家战略的角度，可以看到信息化改造和数字化转型之间发展、衔接有阶段性。

- 党的十五大（1997年）提出"大力推进国民经济和社会信息化"，首次将"信息化"写入国家战略。
- 党的十六大（2002年）提出"以信息化带动工业化、以工业化促进信息化，走新型工业化的道路"。
- 党的十七大（2007年）提出"大力推进信息化与工业化融合"。
- 党的十八大（2012年）进一步提出"坚持走中国特色新型工业化、信息化、城镇化、农业现代化道路，推动信息化和工业化深度融合、工业化和城镇化良性互动、城镇化和农业现代化相互协调，促进工业化、信息化、城镇化、农业现代化同步发展"。
- 党的十九大（2017年）进一步明确提出"推动互联网、大数据、人工智能和实体经济深度融合"。
- 党的二十大（2022年）强调"实施国家文化数字化战略，健全现代公共文化服务体系，创新实施文化惠民工程"。

中国科学技术协会对信息化的定义是："信息化以现代通信、网络、数据库技术为基础，对所研究对象各要素汇总至数据库，优化特定人群的生活、工作、学习、辅助决策等行为，提高各种社会行为的效率，并且降低成本，为推动人类社会进步提供极大的技术支持。"

国家发展改革委对数字化转型的定义是："传统企业通过将生产、管理、销售各环节都与云计算、互联网、大数据相结合，促进企业研发设计、生产加工、经营管理、销售服务等业务数字化转型。"

从定义上看，信息化改造和数字化转型有一个相同环节，就是通过互联网相关技术获取并存储、整理、分析数据。信息化改造重点是在做"业务数据化""数据业务化"相关的工作，即通过互联网相关技术获取物理世界中相关场景的行为数据，用于企业经营、社会进步的效能提升乃至规模化复制；数字化转型的重点是通过进一步分析数据，改变组织原来的工作方式，进而提升组织社会竞争力，其核心是构建并优化自身的数据资产，或者说是数据资产化过程中企业经验的转型升级。

从本质上看，信息化改造主要是新技术的应用与创新；数字化转型主要是企业在获取、分析数据的过程中，进行组织经营方式的调整与优化。

那么到底什么是数字化？在笔者看来，数字化即通过数字化技术和物联网设备，将物理世界中的各种痕迹或原始信息，精准映射到数字世界，在形成数据的基础上，基于企业发展需求构建并优化数据资产的过程。

本篇通过循序渐进地阐述互联网相关技术革新与应用，洞见大环境下基于数据资产"争夺"形成数字化旋涡的发展趋势，结合各产业前瞻企业的具体措施与案例，进而形成关于当前数据资产推进组织进行数字化转型的研判。

　　人的一生都在为自己的认知买单。作为创业者或者高管，你所赚的每一分钱，都是你对世界的认知的变现。你永远赚不到超出认知范围的钱，除非你靠运气，但靠运气赚到的钱最后往往又会因为认知不足而亏掉。这是一种必然。随着时代的变化，赚钱逐渐从依靠资源红利到依靠认知红利。未来不是人赚钱，而是钱找人，财富永远都会流向最匹配它的人，也就是那些高认知的人。

　　本篇通过客观、全面的阐述与分析，让读者了解到互联网技术为企业经营、商业网络带来的革新，让读者能够从一个更广的视角看到其他企业如何借助新技术的相关应用和创新，推动企业在区域经济乃至整个产业进一步发展。

第 1 章

企业经营的改变

互联网技术正在改变这个我们曾经熟悉的世界。不论是信息获取，还是产品或服务的消费，我们都可以在手机上完成。纸币、电视，乃至纸质媒体这些十年前在生活中必不可少的事物，都在离我们越来越远。

企业的本质是通过提供产品或服务获取利润，赢得市场竞争。而想要赢得市场和用户的认同，在当前这个时代，越来越需要通过互联网技术完成时空折叠、赋权合能相关的价值创造，进一步实现内部经营的降本增效，渠道与新业务开源增收的取舍乃至赋能，并能够通过业务可视化监管、行为智能化决策完成。

随着 5G 的普及应用，6G 相关产品和服务也悄然出现在这个世界，给企业带来了全新的交互终端与商家价值创造的场景，这意味着我们正逐渐习惯的一切事物，将迎来又一轮颠覆性变化，一个崭新的时代正悄然降临。

本章通过描述企业应用互联网技术优化工作场景相关的价值创造，以及已经出现的革命性终端和交互场景相关商业机会、商业模式的拆解与分析，帮助读者找到当前互联网新技术创新或革命的新商机。

1.1 技术革命推动商业创新

我们很幸运，出生在新技术层出不穷且被快速应用的时代。20世纪60年代，已是知名公司的IBM其IBM 4300系列产品价格高昂，不仅体积庞大，功能也很基础，主要用于大量文件的"在线"处理。

在微软、英特尔的携手推进下，个人电脑被越来越多的小微企业乃至家庭所使用，基于电脑终端的软件和服务器系统被商业使用，并为互联网技术的普及打下了良好的基础。

全球化带动了电子商务产业的异军突起，生产制造商品的工厂、持有品牌的运营方、提供渠道服务的代理方，都通过互联网提升了效能，进而带动了企业经营管理软件服务的兴起。

时至今日，用户对于信息传递、服务获取的需求日益提高，企业办公从大型机到个人电脑，服务工具从电脑软件到手机应用，全新的数字产业及延展的智能化服务实现了爆发，数字化技术发展带来的新价值如图1-1所示。

新技术的出现，是科学家为了解决某些具体场景下的具体问题，是企业为了弯道超车或持续提升竞争力进行的商业创新。我们不得不承认，新技术在商业场景的创新应用，让整个商业环境乃至整个社会经济发生了天翻地覆的变化。

技术并不是万灵药，它永远不能从根本上解决社会中存在的弊端和不公。技术创新只会带来更多的可能性和机遇。让用户享受更方便、更便宜且更有品质的服务；让企业找到赢在未来的契机，在防止自身被颠覆的同时，提高自身的市场竞争力。想要实现这些，企业的响应意愿和执行效率至关重要。毕竟能像腾讯那样推动微信替代 QQ 的企业太少了，大部分企业都像柯达，虽然发明了数码相机，但是被胶片的利益捆住手脚，坐等被时代淘汰。

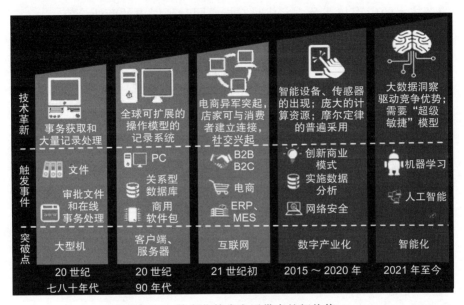

图 1-1　数字化技术发展带来的新价值

1.1.1　时空折叠

时空折叠是指借助新技术构建全新的应用场景和商业模式，让人与人、人与物、物与物之间空间和时间的连接效率提升，带来全新的价值体验。

收音机、电视、电脑、手机，这些时空折叠的技术应用，让原本被时间和空间分割的信息、商品和人的价值被充分地释放出来，提升了整个社会环境，是技术的创新与应用推动了进化。

通过时空折叠创造价值、获取收益的企业层出不穷。曾多年位居

《财富》杂志世界 500 强第一的沃尔玛，就是借助高速公路的兴起，通过出售"更便宜"的商品让消费者通过自驾的方式前来采购，构建了庞大的商业帝国。

图 1-2 主要描述的是企业通过电脑终端、物联网终端和手机终端等新技术的应用与普及，完成时空折叠同时延展出的商业价值。

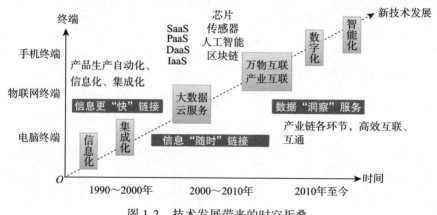

图 1-2　技术发展带来的时空折叠

时空折叠让消费者购买商品或服务的数据越来越透明，也让企业能够更有效地获取用户、企业之间的数据。当前很多领先企业的成果案例也证明了谁能够像沃尔玛一样，把握住这个时代时空折叠的机会，并让消费者认同其价值，就拿到了新时代的入场券。

1. 信息更"快"链接

在互联网出现之前，人类接收信息的渠道是什么呢？报纸、广播、电视等。假如你是报社的社长，你要怎样把报纸做好，并且让报纸的发行量最大化呢？

答案是内容要有稀缺性，并且报道的速度要足够快。上一秒发生的事情，下一秒本报的读者就得到信息了。所以各大报社都致力于让自己的内容够新。比如，过去有报纸叫"快报""早报"。

现在的我们很难想象，如果不能通过手机随时随地看新闻、开展社交活动、点外卖，无所事事的时候不能刷微博、短视频，会有多难熬。

20 世纪 90 年代的互联网用户，他们迫切想要在电脑端通过拨号上网的方式获取自己感兴趣的信息。同时，他们也总会面临这样一个问题：互联网上那些有趣的信息到底在哪里呢？由杨致远和同伴于 1994 年创立的分类索引网站雅虎，第一次解决了用户信息更"快"链接的问题。

雅虎不仅成功地将"有价值信息"的网站域名进行有效的汇总、分类，提高了用户找寻信息的效率，更是开创了和当时 IT 行业卖软件、卖使用许可证完全不同的盈利模式：内容免费，广告收费。这个商业模式为之后整个互联网行业定下了基调。谁能够通过优质内容或服务获得用户的信赖，让他们使用你的网站获取信息，那么你的网站就掌握了流量，就有了清晰的商业化路径。

杨致远的成功，带动了一批国内的模仿者。张朝阳率先推出中文互联网的第一个分类索引网站搜狐，丁磊创建了网易，王志东通过收购当时北美最大的中文网站华渊资讯建立新浪，形成了中文互联网创业的第一股浪潮。而马化腾建立"人与人"连接的腾讯、马云建立"商品与人"连接的阿里巴巴、李彦宏建立"信息与人"连接的百度，影响整个互联网行业的 BAT 在这股浪潮中建立。

互联网诞生至今，虽然创业致富的故事层出不穷，但是其商业价值本质就是信息更快链接下的用户体验。谁能够满足用户对于热点信息，乃至独家信息更高效地传递的需求，谁就掌握了用户流量这个商业财富密码。互联网的出现，让传统的传媒行业遭受了巨大的打击，因为不论是纸媒还是电视，其信息的分发、沉淀效率都无法和互联网相比。

互联网技术延展出来的第一股创新创业浪潮，是用户在电脑端实现信息更快链接的需求带来的。这时候不论是撮合"人与信息"之间的效率（门户网站）、"人与人"之间的效率（社交工具）、"人与商品"之间的效率（电商平台），还是"信息本身的搜索"（搜索引擎）、"虚拟商品服务"（游戏和直播），都在这股浪潮中，取得了最大的收益。

个人电脑及互联网的出现，让信息（尤其是商品信息）从更"快"进化到了"随时"，进而颠覆了工业化时代的价值链，虽然没有去掉"中间商"，但是信息更透明，原来的企业价值链变成了一个价值生态网络，企业、消费者可以在这个网络中寻找更低价格且更高品质的商品。

人与信息、人与人的信息交互都属于服务层面，人与信息方面，从早期的门户网站、论坛、搜索引擎这种集中性、展示化的信息展示，发展为现在各种"种草"软件、短视频平台这种随机、个性化推送的信息服务；人与人方面，从早期邮件、QQ、微信等大众都可以使用的社交软件，发展为现在各种聚焦具体社交话题、社交场景的信息服务工具。

1994 ~ 2019 年，我国生产制造企业通过互联网得到迅猛发展。其核心是利用互联网传递快、覆盖广、成本低等特性，让自身的产品被用户看到，进而让他们选择付费购买。这也造就了我国很多的生产制造企业可以用更低成本、更高效率的方式向全世界供货，在获得巨大收益的同时，成就了闻名世界的"中国制造"，很多草莽企业、腰部企业完成了原始积累。

2. 信息"随时"链接

和电脑端相比，手机端必然是连接线上和线下更好的工具。当用户链接互联网的习惯从电脑端转向手机端的时候，被消灭的不是互联网企业某个产品的形态，而是基于电脑端和网页浏览的整个体系。

用户通过手机这块更小的屏幕获取信息时，不再需要大量而全面的信息，而是简单而垂直的内容。那个在技术创新应用时代之下替代纸媒的门户网站，在移动互联网的新时代一败涂地。

以信息"随时"链接为核心，围绕产品与服务更新速度更快、服务品质更高的新一轮用户争夺战就此开展，手机的实时在线与移动定位属性决定了 O2O 类企业的爆发式增长。

2010 年可谓中国技术创新与互联网价值应用的变局之年，这一年不论是国外资本，还是国内地租经济（矿产、房地产）收益过剩的"热钱"，都开始通过风险投资进入互联网市场。线下实体经济与线上虚拟经济相结合的 O2O 服务获得了资本的认可与青睐。

作为这种服务模式的引爆点，团购模式相关的创业企业涌现，2011 年 8 月时一度增长至 5000 多家，并最终演变成我国互联网历史上有名的商业领域"百'团'大战"。在此期间，美团和字节跳动围绕着商品与人提供本地生活服务（外卖、团购、周边娱乐消费），携程、飞猪提供出行服务（火车、飞机、景区订票和酒店预订），它们都越来越倾向于提供全面、优质优价的产品与服务。

随着网络环境的不断升级，用户开始由电脑端转向手机端。2013年 12 月，中国移动互联网进入 4G 服务时代，手机上网的用户能够更快地获取信息。不论是美团需要的手机定位和实时支付，还是字节跳动旗下的今日头条的内容推荐引擎，相关高品质服务都对网络的流畅程度有极高的要求。可以说，4G 网络基础设施的建设和快速普及，为它们快速发展业务提供了条件。

当然，这些企业真正的成功原因，是让信息围绕商家、服务提供者和用户体验构建了连接关系，其中背后的算法和利益分配体系起到了至关重要的作用。今日头条通过比其他内容软件更精准的推荐机制，最大限度地为用户提供了他们最感兴趣的内容；美团围绕地理位置进行的算法，可以更好地为用户服务。

如果说 BAT 的发展与崛起归因于电脑端接入互联网的时代机遇，把握住了用户更快获得信息的需求进而成功，那么基于信息链接的概念之上，围绕着手机端实时接收信息的以美团和字节跳动为代表的企业，则是把握住了信息"随时"链接下用户追求更快、更高品质服务这一需求而发展起来的。

这些成功的企业，无疑是把握住了新技术初期应用的红利，利用新的红利周期的价值创造机遇，成就了当前的地位。就像沃尔玛在工业化时代把握住高速公路这一创新红利，沉淀足够的资源和能力，成就了现在的地位一样。

工业经济时代的制造业、零售业企业，是以贴牌代理、全渠道营销的思维推动线上线下的业务数字化的，仍然是卖货的逻辑，核心考虑的是经营产品，通过全触点、全场景、全流程、全服务周期，乃至全产业链进行高效协作提升企业的业务能力。

随着手机端的普及和网络用户增加，数字经济时代，企业终于能够直接接触终端消费者，可以更加便捷、准确地了解消费者的需求，利用数字化技术的成熟和实用化特点，打通企业的信息流和商品流，实现全渠道、全场景、全链路数据整合。企业能够以较低的成本快速满足客户的个性化需求，并有效改善用户体验。

无论在什么时代，只要公司能够让用户获得过去十倍的价值体验，不论是信息获取、社交，还是周边生活服务，都会赢得用户的青睐与认同，让他们愿意支持这样的企业。

3. 数据"洞察"服务

随着智能手机的普及，用户能够更简单地使用互联网，享受互联网公司提供的相关服务。同时用户对于获得的服务品质也越来越重视，因为他们决定不使用哪个互联网公司的产品时几乎没有任何成本。

对于以往关注用户增长、"无所不用其极"地获取流量的企业来说，通过各种方式获取流量快速"变现"的商业模式，无法满足用户逐渐升级的需求，反而给互联网经济带来了"劣币驱逐良币"等诸多问题。因此，在用户对于服务品质越来越高的需求的倒逼之下，互联网公司，乃至传统公司都在构建全面的业务协作产业链条。谁在这里为自己的供应商、渠道商、内部团队或者消费者提供更低成本、更高效率的服务，谁就能在这个阶段收益更多。

数字经济新时代推动着企业进一步通过数字技术的应用乃至创新，改造自身业务所涉及的产业各要素、各环节，以实现数字化转型，完成企业经营模式和商业价值的完全升级，进而形成新的产业协作、资源配置和价值创造体系，通过高效的生态协作、高品质的服务交付获得用户和资本的青睐。

为了让读者更好地理解，这里我们简单描述一下数字化技术出现至今，基于数据业务的最核心的价值：通过高效的推荐或明确的行动建议，减少用户思考的时间成本。

互联网诞生的核心价值是将现实世界中人的思想、行为等信息上传到虚拟世界中，并进行快速地记录、传输、计算和整理。PC 时代，互联网企业为用户提供的核心价值立足于更"快"的信息链接。这时产生和传递的所有信息都是围绕人的意志进行决策的。张三写了一封邮件发给李四，邮件系统只是信息传递的工具，而不会基于信息给李四提供任何建议。

哪怕接入互联网的入口从电脑端转向手机端，软件工具从邮件发展为微信这类内容实时交互产品或短视频这类多媒体工具，实现了信息的"随时"链接，但围绕人的意志进行决策这一处理特点从未发生根本改变。

在信息经济时代，所有基于互联网服务于企业或者个人的软件工具，都仅仅是传递信息的工具，真正做决策的是人。而随着互联网中的独角兽企业对数据进行分析，带来了高效的信息传递与服务，进而导致用户对于服务品质的要求越来越高。

数字化将我们带入高频竞争时代。今天，技术在应用场景下的创新频率、迭代速度越来越快，产品研发、品牌打造、销售网络构建等业务的周期大幅压缩，企业竞争的焦点在于提升各个环节的决策和执行效率，以应对需求变化的不确定性。

过去，企业决策由企业家和经理人进行。人为的决策是常规的、有规律可循的，可以总结出一套规则流程，让团队按照标准化流程工作。这样的操作一定程度上增加了企业的经营成本，因为监督流程需要增加管理人员，增加企业内部的沟通成本，更有可能造成一线员工的抵触情绪。

现在的企业经营正在转型为由数据和算法进行决策，这引出了企业经营发展过程中，基于降本增效需求的一个数据资产重要课题：尝试用"数据＋算法"的方式，替代企业研发、设计、生产、运营、管理过程中的决策行为。

这里我们要强调，不是所有决策都可以用"数据＋算法"的方式替代，比如企业家决策。企业家决策是基于未来洞察的决策，无法用"数据＋算法"的方式来描述，没有标准答案。虽然数字化改变了人类认识和改造世界的方式，但是不能忽略企业经营者，即企业家本人在价值创造过程中发挥的关键作用。

总而言之，所有的用户在意的都不是企业能否提供"最优"的产品或服务，而是消费过程中是否满意。也就是说，用户只会在意自己付费收到的产品或服务是否让自己满意。因此企业核心关注的应该是

"足够好"，而非"完美"。

在工业经济时代，消费者一般通过实体店铺购买商品，因此推动了技术创新，产生了高速公路、铁路、集装箱和飞机，让商品能够更快地传递，把原产地、生产商、批发商、零售商等产业链各环节"物理"连接起来。

在信息经济时代，绝大部分企业已经基于互联网完成了自身的信息化改造升级。互联网可以跨越空间和时间，完成高效的时空折叠，提升企业的经营效能乃至业绩。说起真正体现出时空折叠价值的技术，必须提到我们反复提及的数字化和互联网技术。从电脑到物联网设备再到手机，技术创新使信息获取与传递的终端越来越精细化，越来越便于用户使用，越来越便于信息的获取与上传。设备的技术更新让数据在更多物理世界的场景中被横向链接到数字化世界，推动了数字化技术进一步的纵向发展突破，推动了时空折叠背景下决策效率和服务品质的进一步提升。

我们生活的这个世界，永远存在通过新技术让时空进一步折叠的可能。

1.1.2　赋权合能

美国作家海伦·凯勒说："只身一人，我们能做的少而又少；并肩协作，我们能做的很多很多。"

具有执掌通用 21 年的成功经验的杰克·韦尔奇在其撰写的《赢》一书中对于企业经营的本质解读得特别透彻：首先要规避"想赢怕输"的心理，其次要明确人是决定企业成本决定性因素。

作为企业经营者，我们一定要明确使用怎样的人、达到怎样的成果。企业经营者价值最大的体现，就是在已经拥有良好机制设计的前提下（关于企业如何设计机制的问题，我们将在 6.2 节中进行诠释），通过新技术将"人"学习业务、执行任务、服务客户、创造价值的成本达到最低。企业中的"人"赢，"企业"才会赢。

我们看到很多企业通过互联网技术的应用创新，构建了"赋权合利、合能赋新"的模式，为企业创造价值与构建新的核心竞争力添砖加瓦，如图 1-3 所示。

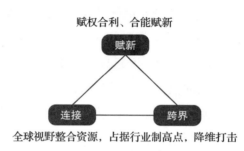

图 1-3　技术革新带来赋权合能

赋权合利、合能赋新的本质，就是利用互联网新技术，将原有企业经营、管理的机制进行更充分地连接，赋予新权力、合创新动能，进而通过工作模式与习惯的改变，提高公司的经营效能并降低公司的运营成本。

1. 赋予新权利

美国社会学家埃里克·克里纳伯格在《热浪：芝加哥灾难的社会剖析》中提出了一个问题：注重规章、惯于处理确定性事件的传统组织，能否有效地应对一次突发事件？很多时候，企业按照原有的工作方式、思维方式操作，可能没什么错，但是面对一个不断变化的市场难免会有失误，基于确定性的组织行为惯性，是造成突发事件应对失误的元凶。

互联网崛起的时代，那些已经位于头部的互联网公司依然保持着创业者心态，通过数字化工具协同自身赋权合能机制的设计，不断优化自身企业的效能和规模化应用的能力。

美团是赋予员工及服务者新权利的典型企业。这里我们基于头豹研究院发布的《2021 年美团企业研究报告》中的相关数据和网络资料针对美团赋予新权利的思路进行阐述。

美团是国内领先的本地服务电商平台，美团拥有美团外卖、大众点评等子品类，服务范围涉及餐饮、外卖、酒店、旅游、电影、共享单车等，业务已覆盖我国绝大部分市、县。截至 2021 年底，美团拥有年均 4.8 亿名交易用户、630 万名活跃商家，以及 3300 亿元的餐饮外卖交易额和 590 亿元的营收。

美团的成功，不仅在于其拥有的 630 万名活跃商家给用户提供了更多产品选择、满足了用户日益增长的多元消费需求，进而持续留存和激活用户，还在于其旗下 400 万名美团骑手在数字化赋予的"新权利"之下实现了更良性的发展。

受新冠疫情影响，外卖平台用户年龄拓宽，商家也更倾向于线上渠道的投入，美团借此机会，推动新技术的持续进步（如云计算、大数据）、外卖用餐标准的提升，让用户在享受到更快、更好服务的同时，骑手也有了更多的收益机会。

美团通过基础地理信息（建筑位置信息、道路信息、交通情况信息），基于用户的地址和订单信息给骑手分配任务，涉及地址、路径和时间的规划。外卖配送场景复杂且多变，骑手在每一个环节都可能面临突发状况，如果仅依靠最原始的信息分析预估到达时间和选择路径，会引发很多潜在问题。

这就需要通过数字化的手段让推荐更合理、更完善。首先，海量骑手对配送全流程的多个环节进行反馈，其次，企业邀请大量外部专家、高校学者一起讨论算法的调整方向和细节。

通过骑手、外部专家、高校学者的合力，美团的算法策略一直在不断优化。通过实践积累的海量优质数据，不仅为骑手提供了更好的优化推荐，提升了消费者的服务体验，更为下一步无人货运的智能化技术应用积累了宝贵的数据资产，如图 1-4 所示。

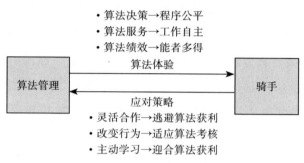

图 1-4　美团通过技术赋予骑手新权利

现在，类似美团骑手这样的赋权模式越来越多，这意味着数字化技术正在令社会化分工越来越明确，也在向企业的经营者们表达一个明确的方向：网络化协同将创造出更低成本、更高效率的商业流程，为用户提供更好的产品、服务和体验。

美团在商家管理、订单管理、骑手赋能及数字化算法与数据资产沉淀，其骑手支持系统架构图如图 1-5 所示。

美团针对外卖企业的支持系统，涉及履约系统、运营系统和数据资产管理系统三大板块。履约系统负责解耦用户、商家和骑手完成整个服务的筹备与调度设计，并通过数据算法和软件工程的方式不断优化；运营系统负责科学设定目标，使其与能力相匹配，提升各衔接点行动保证结果，进而达到物质激励的效果；数据资产管理系统是 O2O 类系统架构设计中最关键的板块，也逐渐成为更多企业的核心竞争力。

美团骑手支持系统涉及算法优化与管理，从整个美团业务发展的情况来看，在很多场景下智能化算法还处于探索、优化阶段。以外卖配送场景为例，为了精准、快速地将骑手与用户发出的订单即时匹配，需要算法处理区域规划、区域调动及平台劳动者的实时调动与监督逻辑，通过算法的局部分析和全局优化，给骑手提出最优决策建议，从而提升匹配效率及用户体验。

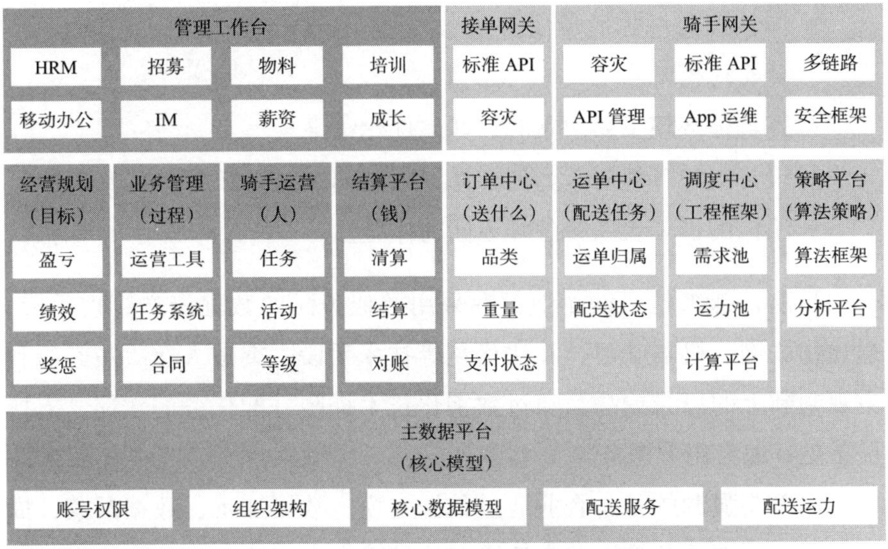

管理工作台				接单网关	骑手网关		
HRM	招募	物料	培训	标准 API	容灾	标准 API	多链路
移动办公	IM	薪资	成长	容灾	API 管理	App 运维	安全框架
经营规划（目标）	业务管理（过程）	骑手运营（人）	结算平台（钱）	订单中心（送什么）	运单中心（配送任务）	调度中心（工程框架）	策略平台（算法策略）
盈亏	运营工具	任务	清算	品类	运单归属	需求池	算法框架
绩效	任务系统	活动	结算	重量	配送状态	运力池	分析平台
奖惩	合同	等级	对账	支付状态		计算平台	
主数据平台（核心模型）							
账号权限	组织架构	核心数据模型		配送服务		配送运力	

图 1-5 美团骑手支持系统架构图

当然，任何的技术在应用初期都存在很多问题，针对美团外卖的算法机制总是存在不同的声音，而从社会与技术发展的角度，企业只能一步一个脚印地对数据资产进行优化以逐步完善。

平台的算法激励，即动态定价逻辑十分重要。算法通过动态的价格操控，在符合市场需求下和服务产能协调，尤其是在服务高峰时段，劳动力服务供不应求的情况下，算法作为供需平衡的调节器，会在标准费率上基于市场实时信息进行费用调控，优化订单服务效率，在供需匹配中尽可能实现经济效率和有效服务。

数据资产管理是一种新的学术理论，将数据科学、社会科学、管理科学融为一体，涉及个人生活改善、企业经营优化、社会治理高效等重要场景，关于决策的科学性涉及如下问题：

- 如何设置决策标准、制定指标？
- 你选择的指标是否与激励相容？
- 应该以怎样的质量作为标准，指导决策？应该为完美信息付出什么代价？
- 在群体环境下做决策时，如何优化结果？
- 设计决策环境时，如何在海量限制和多级目标之间保持平衡？
- 不同的群体会获得怎样不同的体验？

当前，越来越多的企业都在采用类似美团的数据资产管理手段，通过物联网、机器学习、算法优化等技术手段，突破人在决策经验和主观判断上的思维壁垒，通过数字化技术提高分配任务的效能，支持员工更好地为用户服务。

这里要强调的是，企业通过数据建模、数据加工、数据洞察，提升业务和管理的效能，并支持更多的员工规模化地为企业创造出更多的价值，但最终的目标并不是让机器完全替代人，而是让机器成为人更好的帮手，通过"人机协同"的方式，赋予更多人获得更高收益以及更自由、更美好生活的机会。

2. 合创新动能

互联网技术正在从规模经济到范围经济延伸自己的价值影响力，越来越多的企业尝试利用数据资产的优势，将原来的就业模式从八小时工作制到自由连接体，将组织形态从公司制到数字经济体，推动人们实现跨时空的精准高效协作的合创新动能设计。

美团正在通过其技术工具，成为餐饮行业的"产业中台"，为餐饮企业提供流量支持、配送服务和数据反馈的同时，还让每个餐饮企业都保持独立品牌并独立发展。在这种合创新动能体制之下，美团成为这些餐饮企业数字化部分的共享服务平台。

阿里巴巴前副总裁曾鸣在《智能商业》一书中提出了 S2b2C 模式：S 就是一个能提供系统的平台，它赋能很多的 b，就是小型企业，一起服务于最终用户。他认为这是未来几年最重要的商业模式，而事实也正是如此。

曾鸣还提到：赋能这个词还是有点自负，可以换个说法叫"合能"，因为系统与小型企业是合作关系，双方的能力合在一起为最终用户服务。

合创新动能领域有一个标杆案例，就是南极电商。南极电商（前身是成立于 1998 年的"南极人"）算是最早入场的保暖内衣生产企业之一。面对繁荣的市场大环境，南极电商依靠营销抢占市场，先后签约多位明星，斥重金在央视播出 15 秒广告。品牌影响力直接提升了产品的销量，南极电商因此开始扩大产能，实现销售额提升的同时，在全国也建立了 2 万余家销售终端。

2002 年左右，保暖内衣品牌的企业经营者们看到了机遇，为了获得效益，开始了在全国媒介投放广告的竞争，总额高达 3.92 亿元。最终，市场供需失衡。保暖内衣企业大量库存积压，再加上同质化竞争严重，包括南极电商在内的企业都出现了销量滑坡。

南极电商创始人张玉祥在苦思转型方向之际，受到了行业元老恒源祥的启发。彼时，恒源祥通过特许经营，在上游发展加盟工厂，在下游拓展经销网点，并有效地组合、调动和优化上下游资源。向上游加盟工厂和下游经销网点同时收取商标使用费。变现品牌资产是恒源祥的主要盈利模式。

张玉祥表示：我们将在南极人品牌下面冠以新的素材和附缀，作为品牌的延伸。基本参照恒源祥模式，形成联盟结合，在生产、销售、品牌多端共同合作，做服装一条龙企业。

　　2008 年是一个极其重要的转折点。南极电商开始大幅转型。张玉祥砍掉了所有生产端和销售端的自营环节，南极电商转型为"品牌授权"的商业模式。南极电商基于核心品牌价值搭建供应商与经销商之间的桥梁，签约并授权供应商合作工厂生产"南极人"品牌的产品，同时签约合作经销商，授权其销售"南极人"品牌产品。自此南极电商完全轻资产化，在品牌授权的同时提供品牌综合服务并收取服务费，实现了盈利模式的转变（见图 1-6）。

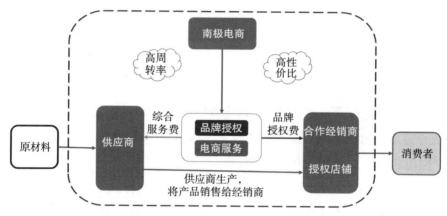

图 1-6　南极电商的合创新动能商业模式

　　从 2012 年开始，南极电商成为"NGTT 南极共同体"，开始提供以柔性供应链园区为核心的综合电商生态服务，商业模式由"卖商品"转变为"卖品牌＋卖服务"，帮助广大供应商、经销商整合供应链痛点。

　　2017 年 10 月，南极电商收购时间互联，助力南极电商在原有供应链的基础上拓展业务服务，补齐了南极电商互联网渠道营销的缺口，同时构建了公司在移动互联网时代的流量壁垒，实现了互联网思维下的轻资产运营模式。

　　时间互联是一家移动互联网营销服务商，不仅是在各类平台推广南极电商品牌矩阵中各子类品牌的推手，还是帮助南极电商整合流量、提升转换率的加速器，更是部分流量媒体投放平台的主要代理商，为客户提供定制的个性化互联网营销服务。

这一收购行为发挥了良好的协同效应，一方面，时间互联为南极电商的品牌建设与推广提供了较好的流量渠道，做精准大数据营销，补齐了南极生态链的营销环；另一方面，南极电商为时间互联提供上市公司的资源，使其在移动互联网营销领域做大做强，并适时拓展新业务，孵化公司短期营收的新增长点（见图 1-7）。

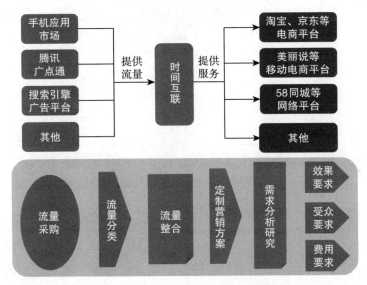

图 1-7　收购时间互联带来合创价值点

对于需求端而言，时间互联通过流量管理、数据分析等持续优化投放效果，提升产品的网络营销力度，进而有利于供应链降低库存、提高流量转化率、提升盈利能力。需求端经销商盈利能力的提升，将带动需求、拉动供给，从而增加供给端供应商的产量，同时进一步激活供应链上子业务的运营。

南极电商把各产业环节分工给了不同角色，打通上下游，利用自身优势帮助供应商打造爆款，提升产品质量，减少坏账，极大调动优质供应链的产能和积极性。

对于店铺来讲，获取优质的流量资源、强化运营、提升店铺评分都可以通过销售南极人品牌产品来实现，最终做到经销商无库存、供应商无坏账，实现双赢战略（见图1-8）。

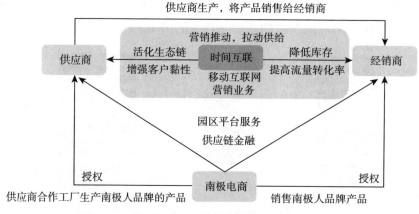

图1-8   南极电商产业链合创新动能的产业生态

本质上来讲，南极电商卖的不是品牌，而是服务。如今南极电商的核心就在产业链服务上，它帮助工厂找到下游的经销商，并且通过电商平台算法精准预测销量，帮助工厂维持低库存，形成稳定的产能。此外，它利用大数据分析发现爆款产品，从而推荐给商家进行规模化生产，第一时间抢占市场。

在产品研发方面，南极电商与洛可可设计公司实现战略合作，签约高级设计师帮助厂商进行产品设计，随后在厂商之间内部共享设计方案。

传统生产服装的工厂，换季前三个月就要开始为下个季度做准备。这个时候，流行什么款式，生产什么产品，生产多少产品是商家面临的一系列难题，更像是一场豪赌，而南极电商可以根据以往销售情况、活动节奏、天气等方面确定产品类型，与设计师合作打造新款式，避免生产同质化的产品。

供应方面，南极电商采取每天给厂商下单，每天调整生产计划，厂商每天送货的方式。对于厂商来讲，此举解决了绝大多数的难题，厂商只需要安心生产。此外，单一厂商在原材料采购过程中，由于没有议价权，极易受到价格波动的影响，进而导致供货价格不稳定。南极电商集合 1000 多家厂商采取买断或者集中采购的方式，尽最大可能保持价格的稳定（见图 1-9）。

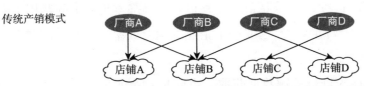

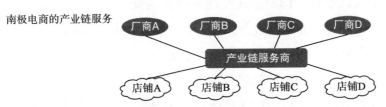

图 1-9 南极电商的赋权合能

南极电商选择放弃了自己所有的生产厂商，用之前积累起来的客户认可度和流量，通过品牌授权的方式经营，2019 年实现可统计 GMV 305.59 亿元，其中南极人品牌 GMV 为 271.38 亿元。南极电商公司年收入 39.08 亿元，净利润 12.06 亿元。

南极电商在转型过程中打破了传统的产销模式，独创产业链服务商的模式，并在深度理解电商运营规则的基础上塑造壁垒。

通过南极电商的案例我们可以明确，科技创新应用不仅仅存在于互联网企业，每个寻求更好发展的企业家都必须考虑，只不过很多企业的经营者因为囿于过去成功经验的惯性思维，造成企业无法进一步发展，被时代所抛弃。

1.2　稳健经营与业绩提升

现金流是企业得以持续发展的源泉。在这个内外部竞争激烈、不确定性事件频发的时代，每个企业都面临着巨大的压力，以前的那种经营模式难以持续，更需要企业在稳健经营（降本增效）的基础上做到业绩提升（开源增收）。这取决于企业的运营效率、产品品质和管理"内功"修炼。

我们应该先进行关键数据获取，也就是对企业生产运营各个重要节点的负责人以量化指标的形式梳理各业务场景，获取如产品生产加工、供应链、销售渠道、人力资源、财务、科技创新成果等相关信息，并通过技术研发，实现指标数据的自动采集、汇总、加工和展示。

企业的经营者最关心的是进行业务数字化的投入能给企业带来怎样的经济效益。从经济价值的角度来说，业务数字化能够让企业在经营的过程中，优化原有的供应链选择和生产效率，降低企业采购和产品加工的成本，并通过合理销售渠道和市场营销的精准投放，做到以更低成本获得更高收益。

1.2.1　降本增效

在经济发展放缓的今天，全球都在进行降本增效，我们有必要重新审视降本增效的"本"到底是什么。当然，我们知道增效必然降本，但降本不一定增效。企业实施降本增效措施的目的是提升经营业绩，实现企业高质量发展，其本质包括：

- 单位产品成本降低，促进业务提质。
- 可持续的效益提升，利于长期发展。
- 企业核心能力增强，放大竞争优势。
- 企业总体全局最优，实现收益增加。

一句话总结降本增效：企业通过新方法、新科技等措施提升技术和管理能力，实现企业总体收益增加和单位产品成本降低的业务结果。

彼得·德鲁克曾说："比效率更重要的是效能，企业真正不可缺少的是效能，而非效率。"可见所谓"增效"有两层内涵：一是增加"效率"，二是增加"效能"。效率是"以正确的方式做事"，效能则是"做正确的事"。

效能追求时间的节省和路径的优化，企业经营者要明确，首先应该思考如何聚焦在增加效能、优化时间成本、降低试错成本等关键"效能因素"上。腰部以下的企业，围绕效率优先开展运营工作是企业经营者必然的选择。将精力和资源投入到生产和市场活动中，一方面调动资源争取更高的企业收益，并且降低试错成本、时间成本和资金成本；另一方面只做必要性建设，避免重资产投入、冗余团队建设等资金和精力的消耗。

1. 企业资源计划

信息化应用于企业不是一蹴而就的，而是逐步演进的，都是从最复杂、算力需求最大的集成点开始的，企业资源计划的时代升级如图 1-10 所示。

在 20 世纪 60 年代，发达国家的工业化生产已经初具规模，随着多车间的生产线实现"串行"和规模化生产，与物料相关的管理和控制越发复杂和烦琐起来。所有必需的组件、可用的库存和订单的交货时间，需要进行大量的手动计算。在这种背景下，企业开始应用信息化软件来管理物料库存，范围包括管理库存需求、设置目标、提供补货技术和选项、监视物料使用情况、核对库存余额以及报告库存状态。

图 1-10　企业资源计划的时代升级

20世纪70年代，企业与客户间的联系越来越紧密，简单的信息化系统无法满足市场端销售及生产端控制的需求，这时候"物料需求计划"应运而生，它根据企业生产商品的要求，基于库存水平和生产供需明确要准备的物料、什么时候采购物料、如何购买物料以及如何管理和使用物料。物料需求计划的应用大幅提升了当时企业的生产效率，大幅降低了时间成本和沉没成本。

20世纪80年代，市场对于商品的需求越发庞大，企业在原来的"物料需求计划"相关软件系统中，增加了车间管理功能，并扩展了分销管理功能，支持企业生产负责人通过系统完成从产品设计到物料筹备、库存管理、销售成本和分销管理的高效洞察及管控。随着企业工厂需求的增加，相关设备硬件和服务软件的功能越发完善，进而推动了相关数据库技术的迅猛发展，用来存储、分析、输出日益庞大的相关业务数据的中央关系型数据库也是这时出现在人们的视野之中。

到了 20 世纪 90 年代，企业需要更好、更全面地构建面向客户的服务，原来仅涉及制造端的软件系统已经无法满足企业服务客户的需求，企业需要将整个业务链相关应用软件都集中起来，也因此造就了现在仍然良好服务企业的企业资源计划（ERP）系统。

ERP 系统是第一个企业级价值链的业务应用，它改进了企业内部整体绩效，融合了主要的业务产品计划、采购、物流控制、分销、履行和销售等活动，还集成了运营相关的市场营销、财务会计和人力资源等功能。这时的 ERP 系统主要在大型机上运行，也有服务商尝试通过小型机上的客户端－服务端（C/S）架构运营数据量不大的软件系统，这大大提升了企业分布式管理的效率。

我国在 2000 年左右开始推广使用 ERP 系统，电子商务平台的崛起让企业看到了更快连接、服务客户的可能性。ERP 系统开始涉及供应链关系系统、客户关系管理系统及数据仓库系统，进入后企业资源计划时代，围绕生产制造将周边业务和外部流程集成到 ERP 系统之中。在 2010 年左右国内大型企业都基本上完成了基于 ERP 的信息化改造。

随着企业信息化改造的持续深入，企业的业务越来越多地被互联网技术所覆盖，这个时候企业开始从原来的客户端－服务端架构向浏览器－服务端（B/S）架构转换，也开始使用分布式数据库，在效率提升的同时保证数据的安全性、稳定性。

ERP 系统原本是针对企业商品的生产、制造构建的软件系统，随着企业外部的环境越来越复杂、领域越来越融合，该系统正在从原来的流程驱动向数据驱动转化。

更重要的是，随着企业线上办公的普及，企业对于数据存储、数据分类及数据分析、智能分析的需求越来越大，企业业务从原来的流程驱动走向了数据驱动，而企业数字化转型，正是在这个阶段业务与互联网技术融合过程中，对于企业整体经营方式、经营理念提出的新挑战。

2. 生产制造管理（MES）系统

MES 系统是一套面向制造车间执行层的生产信息化管理系统。制造执行系统协会（Manufacturing Execution System Association，MESA）对 MES 下了定义："MES 能通过信息传递对从订单下达到产品完成的整个生产过程进行优化管理。"

MESA 强调了以下三点：

- MES 是对整个车间制造过程的优化，而不是单一地解决某个生产瓶颈。
- MES 必须具备实时收集生产过程中数据的功能，并做出相应的分析和处理。
- MES 需要与计划层和控制层进行信息交互，通过企业的连续信息流来实现企业信息全集成。

国际标准化组织（Instrument Society of America，ISA）定义了企业级业务系统与工厂车间级控制系统集成时所使用的术语和模型，用于描述和标准化这类软件系统，并记录在 ANSI/ISA-95 国际标准中。此标准对企业层次的划分、制造运营管理过程的一般活动、MES 功能模型等都进行了详细说明。

MES 系统相比 ERP 系统的功能更趋向平面信息化，更偏向相关设备，于 ERP 系统的信息化来讲更多的是补充。在没有实施 MES 系统之前，企业 ERP 系统不能直接管理生产现场，使生产现场如同黑箱作业，无法掌握实时正确信息。而 MES 系统除了让现场信息流自动化之外，它还扮演着承上启下的角色。

这里我们举一家在美国上市的光电元器件制造商，在我国生产过程中 MES 系统给企业带来价值的案例。这家企业在我国若干城市设有生产基地，因早期产品生产机械化程度不高，生产水平依托于员工的专业技能，进而导致其成品率不足 50%。

这家企业在 1995 年时采购 ERP 系统，利用其功能模块化、逻辑关系明确等特点，解决了当时企业效率低下的问题。随着市场需求变化的日益高频，企业发现这套系统无法很好地解决计划与生产不平衡的矛盾，造成大量的物料限制与库存积压。

2001 年该企业引入 MES 系统，意识到原来 ERP 系统并不能解决企业在生产过程中的所有问题，即使强大的 ERP 系统，从计划到生产执行控制方面的能力仍是非常有限的。

最终企业应用 MES 系统配合 ERP 系统，解决了长期困扰该企业各部门间的问题。

- 物流管理与采购部：之前只了解原材料相关供应端采购的环节，无法了解生产线上物料的使用情况，通过引入 MES 系统解决了商品生产制造过程中供应端的商品品质以及实际消耗的信息同步问题。
- 产品生产部门：之前只能人工了解生产线员工的效率和工作质量。采用 MES 系统之后可以看到每一个工作订单的执行状态，并有效分析员工在关键工艺上的操作，从而降低了返修率。
- 技术研发部门：通过 MES 系统协助处理各种格式的电子工程文件，如图纸的存储、管理和控制，方便员工在车间内查阅作业指导文件，进而优化工艺路线。

- 质量管理部门：从原来"发现问题—解决问题"的逻辑，演化为针对来料检查、制造过程、成品质量评估等方案完成闭环管理，让员工能够实时跟踪，及时找到不符合规范活动的问题点，修改并有效防止同类问题的再次发生。
- 企业的管理层：获取 ERP 系统无法收集的生产制造端实时数据，进而为科学决策提供依据。

最终企业基于 MES 系统和 ERP 系统更好地联动，让企业的成品率提高 20%，存货周期率提高 20%，闲置物料减少 40%，进一步做到了降本增效。

同时，笔者要强调，因为 MES 系统直接面向生产过程，而每个行业的生产和流通流程不同，企业自身特定的生产规范与流程也不一样，造成哪怕是在同一个行业，不同企业对 MES 系统的要求和着重点也有不同。因此，目前没有一个能够适用于所有行业的通用 MES 产品。

从企业经营的投资回报上看，MES 系统虽然有效地补充了 ERP 系统的真空地带，但是短期效果依旧不明显，需要通过长期运行分析，不断改善相关生产机制才能看到其核心价值。

1.2.2　开源增收

企业能够持续生存下去，最基础的就是具备不断开源增收的能力。企业营收增长是一个永恒的话题，无论是企业运营、产品研发还是市场营销，增长都是企业经营者关注的核心。

企业开源增收是一个跨学科、跨岗位的工作，涉及企业的方方面面，想要明确目标、协同工作，非"一把手"亲自落实不可。营收增长对于企业来讲是一个长期且持续的过程，企业经营者要持续地通过产品开发、用户需求与管理、用户黏性建立等引导营收增长，这需要建立起一套完善的增长体系。

数字经济时代，互联网技术不断迭代，生发出新渠道、新流量，带来更多开源增收的可能性，推动着企业不断调整自己的营销策略。

1. 用户增长与数字营销

随着物联网、移动互联网及人工智能等技术的发展与应用，人与人、人与产品、人与信息能够实现随时随地的连接与交互，企业可以追踪供应端、生产端，乃至用户需求端的数据信息。

互联网企业在电商、团购、O2O、移动直播、短视频、知识付费等几大行业快速崛起，互联网用户的增长已经跟不上企业自身用户增长的要求，因此企业对于利用数据带来用户增长的需求越来越明显。

用户增长是近几年互联网行业兴起的名词，但这个企业板块在非互联网的企业中早已存在，过去企业更喜欢称为业绩增长，虽然负责的团队不叫用户增长团队，或者相关业务被拆分由几个团队负责。

在家用电脑终端时期，企业最核心的流量入口是搜索引擎，通过搜索引擎优化（SEO）和搜索引擎营销（SEM）等方式，企业可以实现自身的业绩增长或者用户增长。手机终端成为用户连接互联网的主要手段后，流量越发出现"离散化"的势态。从 App 应用市场到手机预装，在移动互联网发展的早期，拉新最快的方式就是在各种渠道饱和投放。然而随着获取流量的成本逐年递增，仅靠渠道投放这一招已经很难低成本地获客。所以，用户增长更多地被提上台面。

从渠道转向用户增长，原来首席市场官或首席营销官（CMO）的职能正在快速转向首席增长官（CGO），"增长黑客"这一名称越来越多地出现在企业相关负责人的口中。

增长黑客这一概念起源于硅谷，脸书等知名互联网公司非常崇尚增长黑客文化，即通过数据分析取代依据个人经验的决策，进而实现用户增长。2012 年发表的 *Growth Hacker is the new VP Marketing* 这篇文章，提到了增长黑客通常采用 A/B 测试、搜索引擎优化、电子邮件召回和病毒营销等手段实现用户增长，因而它们日常关注的是页面加载速度、注册转化率、电子邮件到达率和病毒因子等指标。

在一段时间内，增长黑客被互联网上很多媒体传得上天入地、无所不能，而实际上，这一行为本质都是在做用户增长和业绩增长，它通过市场需求和数据洞察用户，将数据分析做得很好，让企业通过数据分析更好地降低获客成本，帮企业省钱的同时，尝试找到更高效的赚钱方法。

一句话总结：增长黑客的用户增长核心在于用户数据分析需求带动增长，即通过各种形式的活动内容，发挥直接满足用户需求、好友之间满足需求、传播有益性信息等多个层面的传播特征，驱动用户传播。

宾夕法尼亚大学沃顿商学院市场营销学教授乔纳·伯杰所著的《疯传：让你的产品、思想、行为像病毒一样入侵》解密了沃顿疯传商学院的市场营销流行的秘密。书中用 STEPPS 模型对于用户增长进行了解读。

- 社交货币（Social Currency）：我们要共享那些能让我们显得更优秀、更有人格魅力的事情。
- 诱因（Triggers）：通过某个因素触发你的联想记忆。
- 情绪（Emotion）：当我们关心并产生各种情绪时，会自发地分享。
- 公共性（Public）：构建可视的、正面的事物，例如苹果标识，让大家不断在各种公开场合看到，影响大家的潜意识，从而诱发传播。
- 实用价值（Practical Value）：信息如果有用，人们会情不自禁地分享，例如老人会乐此不疲地转发保健类文章。

- 故事（Stories）：以闲聊为幌子的信息传播，符合人们的记忆习惯。

为什么有的产品顾客会排队购买，有的产品却无人问津？为什么有的快餐加盟店门庭若市，有的餐馆却冷冷清清？为什么有的视频点赞量几万，有的视频浏览量却只有几百？为什么有的企业销售业绩连年上升，有的企业却只能早早关停止损？

很多人都觉得，产品的流行程度，主要受产品功能、价格或者广告影响，因此不少商家致力于开发新功能，或者跟同行打价格战，再不然就砸钱投广告，希望产品大卖。但《疯传》中明确地提到，铸造产品流行带来用户增长靠的是社会影响力。书中提到使产品、思想和行为流行起来的"社会影响"，是通过口头传播进而达到一传十、十传百的效果。爱分享是人的天性。向身边的人分享美好的事物或新颖的观点，可以满足我们表达的欲望和被关注的需求。分享可以拉近人与人的距离，我们乐于分享，如果分享的内容被认可，也会从中得到满足感。

《疯传》强调，企业构建一个有感染力的产品、思想或行为，再迎合大众的情绪进行设计，就会让企业或者塑造的相关品牌或 IP 像病毒一样"传播"，进而带来用户增长。

不论是"增长黑客"还是《疯传》中的理念，其本质都是在企业获得相关数据越来越方便的情况下，根据用户数据绘制用户画像与设计触达方式，通过越来越多向性的数字营销将企业 IP、产品或服务的价值高效传播给用户，进而带来企业的用户增长。

2. 用户画像与关系管理

随着互联网技术在企业的深度应用，企业保存了大量用户相关原始数据，这些数据大多数处于闲置状态，尚未有效地被用于相关用户分析和评估，这是当前很多企业持有数据之下，思考精细化运营和精细化营销时会关注的问题。

用户画像，即用户信息标签化，通过收集用户的社会属性、消费习惯、偏好特征等各个维度的数据，对用户或者产品特征属性进行刻画，并对这些特征进行分析、统计，挖掘潜在价值信息，从而抽象计算出用户的信息全貌。

当前，很多企业已经在数据分析上投入了很多成本，也做了不少报表，却没有为用户增长和业绩提升带来多少价值。洞见其本质，所有的报表数据都是"死"的，而用户画像则可以助力业务团队针对用户进行个性化服务，精准推荐，将数据"激活"。

用户画像在电子商务平台的实践场景最多。企业通过直面消费终端，能够更加便捷、准确地洞察用户的潜在需求，通过平台和自身数字化技术应用创新，打通企业的信息流和商品流，实现全渠道、全场景、全链路数据整合，让企业能够以较低的成本快速满足用户的个性化需求，并有效改善用户体验。在用户通过平台找到最适合自己的商品或服务的同时，电商平台也实时获取到了相关商品交易行为的竞争信息，以此获得区域用户采购习惯、商品在某区域的竞争力，乃至个人消费倾向的大数据。

关于用户画像与关系服务最典型的例子，就是阿里巴巴。其在2010年以后，从一家传统的电商公司逐渐转变成了一个以数据为中心的服务集团。它依靠庞大的电商平台、金融服务以及物流服务产生的巨量交易数据，向云计算、大文娱及产业互联网平台转型。这也意味着阿里巴巴的经营核心从"经营货"的数据，逐渐变成"经营人"的数据。

阿里巴巴处理用户画像和关系管理的大数据平台名为飞天 AI 平

第 1 章 企业经营的改变　　37

台。这个平台与飞天大数据平台、达摩院构建起数据、算法、计算的 AI 生态闭环，更好地为开发者服务，为用户创造价值。

2010 年前后，每个用户看到的淘宝网站页面都是一样的。2013 ～ 2015 年，淘宝开始尝试"千人千面"，让每个用户的推荐购买页面呈现出个性化。2019 年，淘宝不仅做到了"千人千面"，同一件商品还会有上千种不同的视频封面。个性化消费必将成为所有零售（包括电商）企业的新战场。淘宝无疑走在了时代的前列，如果我们经常使用手机淘宝，就会发现个性化的页面越来越多，商品的广告投放越来越精准，搜索栏里预设了搜索关键词，推荐页面有针对性，还有"猜你喜欢"板块等。淘宝开始"经营用户"，并正在悄然地改变零售行业对于人、货、场这三大要素的服务思路。

- "人"：从众人到单客，经营服务好每个用户。
- "货"：从爆款的网红产品，到长尾的日常产品，通过有效的用户分析、用户画像进行产品的生产或选择。
- "场"：从低频交易的卖场到日常生活全场景，从传统的货物展示与销售到用户生活服务。

人工智能赋予了阿里巴巴新零售行业的"智能大脑"，让用户拥有个人专属的淘宝商品推荐，真正做到了"千人千面"。阿里巴巴的"电商大脑"为所有用户提供全面个性化的体验，其最大的特点是"在线 + 实时"。"双十一"活动期间，阿里巴巴的飞天 AI 可以通过机器学习自动生成近千亿次个性化展示，智能决策引擎分秒不停地自我迭代，每次点击背后都是海量的计算和万亿级智能匹配，这大大提高了用户的体验和消费的效率，也给服务的商家带来了更多业绩增长的机会。

无数的案例已经证明，企业需要通过数字化的形式收集用户产生的各种行为数据构建用户画像，进而将用户分类，找到用户进一步的需求和潜在价值，并利用用户关系管理提供更为精细化的服务，这样才能持续保持企业竞争力与业绩增长。

3. 用户全生命周期服务

用户生命周期（User Life Time）有两个定义，一个是指用户从第一次使用产品到最后一次使用的时间周期，另一个是指从用户首次接触产品，在一定时间内通过使用产品获得价值到最终用户流失的过程。

越来越多的企业开始意识到，分析用户的生命周期价值，以及用户所处的状态，进行精细化运营会在商业上获得巨大的价值。如果我们把用户增长看作一个系统的话，这个系统的目的就是不断地提升用户规模和用户价值。用户生命周期管理可以看作这个系统的反馈方式，让企业负责开源增收的负责人，能够从全局视角看企业自身的产品价值。

在实际操作中，我们发现用户生命周期管理模型可以理解为用户两种状态的交叉分类，即用户的价值状态为新用户、成长用户、成熟用户；用户的活跃状态为活跃、流失，用户生命周期状态如图 1-11 所示。

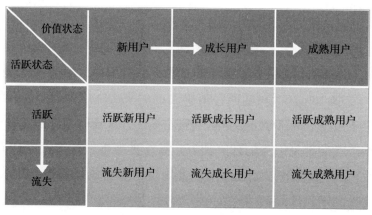

图 1-11　用户生命周期状态

这里活跃新用户是指刚了解产品，还没有体验到产品的核心价值，还没有养成产品使用习惯的用户；活跃成长用户是指已经体验到产品的核心价值，并同产品发生了关键行为，养成了使用产品的习惯，对产品持续贡献价值的用户；活跃成熟用户是已经对产品及背后的品牌和企业产生深度认同和黏性绑定的用户。用户流失则是最开始的产品价值介绍不符合用户预期，及用户产品整个使用过程中的感受不佳或产品没有提供更多价值造成的结果。

在这个已经来临的数字经济时代，能够进一步优化企业经营效能，进而完成规模化扩展，获取用户信赖及达到企业核心竞争力最佳的解决方案，就是用好数据，构建好自身的数据资产。具体内容我们会在第 5 章中进行详细的阐述。

1.2.3　数据处理与可视化监管

随着企业信息化改造进程的推进，大数据、云计算、人工智能技术得以迅猛发展，企业通过应用互联网技术进行相关的数字分析，通过有效数据处理与可视化监管提升供给端的生产效率和产品品质。

阿里巴巴集团副总裁、阿里研究院院长高红冰表示："智能制造的意义，就在于如何以数据的自动流动化解不确定性，让正确的数据，在正确的时间，以正确的方式，自动传递给正确的人和机器，以实现资源配置效率的优化。"

在这个企业从信息化向数字化转型的新时代，一部分领先企业已经构建了基于数据处理技术，实现了企业经营的场景在广度和深度上的数据"一穿到底""实时可查"，构建了可视化监管及智能决策的能力，这使得企业领导层及相关的业务负责人不再像过往那样凭经验行动。

数字化转型最大的挑战，就是企业需要重新定义自身的决策过程和方式，不再简单地将互联网技术应用到工作场景中，而是从业务流程、组织架构的层面进行再造。

阿里研究院在 2019 年发布的《从互联网＋到智能＋——智能技术群落的聚变与赋能》指出，新一代信息技术在不断的融合、叠加、迭代中，为智能经济提供了高经济性、高可用性、高可靠性的智能技术底座，推动人类社会进入一个全面感知、可靠传输、智能处理、精准决策的万物智能时代。智能技术群的融合与叠加类似核聚变，是技术创新、商业模式创新、投资的沃土。智能技术将全面更新现有技术基础设施，重新定义商业模式，重塑未来的经济图景。

1. 数据、算法与算力

当前，不论是互联网企业还是所谓的传统企业，都在想方设法让用户在自己的应用程序上花更多的时间。因为分析这些用户的在线行为，让企业可以更好地了解相关用户浏览的喜好、位置轨迹及实际消费行为。很多企业已经深刻认识到这些行为所产生的数据都可以被挖掘、整合，孕育出下一个改变用户的生活体验应用程序。这意味着，数据已经开始成为一种新的生产要素。

数据成为生产要素，不光影响技术进步、经济发展和社会演进，很可能会决定未来世界将由什么样的人主导。随着数据应用越来越广泛而深入，社会的每一个角色、每一个组织都被卷入其中。因为这些角色所有的网页浏览数据、在线社交数据、在线交易数据，以及物联网传感器数据，都在无时无刻被算法、算力进行着分析。这意味着与数据、算法、算力相关的数字产业已经正式登上了历史舞台，无时无刻不在影响着每一个人和组织。例如，阿里巴巴、腾讯、字节跳动等知名互联网巨头企业通过数据的充分挖掘和分析，掌握用户潜藏的需求、欲望、情感，进而引导消费趋势和用户意愿，深刻改变了用户的行为逻辑，定义了新的消费市场。

　　企业要做到这一切，需要构建自身经营场景下数据相关的算法分析及算力支持的能力，这大致需要经历描述、诊断、预测、决策四个阶段，进而达到人与企业经营流程系统在执行上的资源最优，如图 1-12 所示。

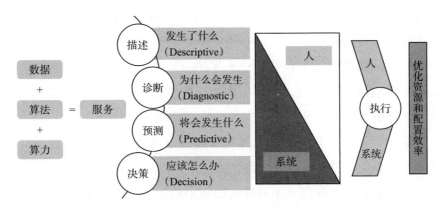

图 1-12　企业数据处理流程

资料来源：阿里研究院．从互联网＋到智能＋——智能技术群落的聚变与赋能 [EB/OL]．(2019-05-06)[2023-02-01].https://m.elecfans.com/article/929252.html.

　　任何组织对于数据的第一层解读是描述，即获取企业经营中具体发生了什么。在信息化改造阶段，所谓描述场景中获得的数据通常是孤立的，因为最开始数据定义不同，造成了不同场景下的数据很难整合。不过对于任何软件系统而言，描述数据、展示数据并不是很难。到了数据整合阶段，如何深度分析描述数据，实现"窥一斑而见全豹"，是重要的话题。

　　到了诊断阶段，企业的核心工作是建立数据之间的联系，理解数据之间的因果关系，最终为特定的业务或者事件找到驱动因素或者诱因，进而评估出数据为什么会发生。当然，在诊断维度中识别到的因果关系通常非常局限，难以做到适应全局，这样的数据成果仅能帮助企业经营者或者业务负责人梳理经验，还需要管理者进行再加工才能进行更精准地评估和决策。

随着描述和诊断阶段的完善，企业逐步达到预测阶段，进而能够通过数据、算法、算力推测出尚未发生却极可能发生的事件。如前面提到的飞天 AI 平台，就是在条件允许的情况下，以完善的企业服务拓展用户价值。所有的工作此时都还停留在智能辅助阶段，最终的决策依然需要人为的判断。

当前，美团骑手平台初步进入了决策阶段，可以高效地告知业务人员具体应该怎样处理，无须借助人为的判断和决策，用智能化的方式优化订单从接收到分发乃至交付的整个流程。

描述、诊断、预测、决策阶段，体现了企业在应用数据、算法、算力不同情况下执行人与智能算法的协同状态。市场进一步竞争的加剧，必然推动企业降低人工判断在决策中的比重，让系统通过智能化、自动化的方式提高企业的服务效能。

2. 企业智能化应用

企业智能化应用是一个非常复杂且庞大的知识体系，需要将数据科学、社会科学、管理科学融为一体，涉及员工效能、企业经营优化、社会治理高效等重要场景，关于决策的科学性涉及如下问题：

- 企业经营决策团队是否比竞争对手更懂用户？
- 企业提供的产品或服务能否即时满足用户的需求，提供高效的解决方案？
- 企业能否用比竞争对手更低的价格、更高的品质为用户提供相关服务？

企业实现智能化的相关应用，核心是能否基于互联网技术的具体应用，完成以下三大方向的转型升级：

- 在线应用完成信息化沉淀：即主要的业务和管理活动完成在线化，将企业各方面的信息进行系统管理，当前多数头部企业皆具备了这一能力。
- 数据融合和组织变革配合：确定数据责任部门，沉淀能力和资源，构建以数据为核心的内部运营模式，甚至将数字化部门看作核心管理职能部门之一。
- 智能化组织、决策与激励：利用新技术构建算法模型，内部完成数据驱动决策、自动化处理常规性管理事务，外部构建生态联合体，整体上形成数字化协同、智能化决策、战略化激励发展的形态。

企业通过投入实现数据获取、算法分析、机器学习等，用智能化应用代替人决策，这降低了业务负责人员决策的工作难度，并为企业带来了四大价值提升：

- 更敏捷的运营：通过感知、认知等技术提高多数常规流程的效率，降低成本，同时改善用户体验。
- 更充分的定制化：助力企业提供真正的一对一互动，以充分满足客户独立的需求，提供更优质的服务。
- 更智能的决策：使用先进的数据科学来提升企业的经营表现，利用大数据挖掘实现更有价值的商业洞察。
- 全新的价值主张：新的运营模式和工作方式使产品、服务脱颖而出，构建以智能化技术为核心的全新产品、服务和商业模式。

毕马威亚太区及中国主席陶匡淳表示：在新的时代坐标下，企业的生产力及其生产关系也发生了较大的改变与进步，向市场提供产品与服务的能力获得了极大提升和释放，与此相对应的企业内部资源协调决策机制与管理模式也正经历着很大的变革。在智能时代下，如何构建有效的组织模式与运行机制一直是企业管理领域重点关注的对象与研究课题。在企业组织转型之路上，相信将会有越来越多的中国企业，无论是传统工业企业，还是互联网基因下的创新公司，去尝试、探索、迎接组织的蜕变与进化，为企业在智能时代全球化竞争下赢得先机。

如果说"数据＋算法＋算力"可以辅助企业做价值链分析，那么企业的智能化应用可以支持企业在采购、研发、生产、销售、物流、服务等场景下完成相关的效能提升与规模化服务优化。随着智能化决策在应用中的实践，企业面向社会的服务价值将会进一步被释放，为整个社会迎来新的变化。数据、算法与算力，也将在智能应用下将传统单一的按需生产或者按计划生产，转换为全社会要素统筹生产及分配，有效降低全社会能源及资源浪费，提高生产力的同时提高生产效率，为个人、企业乃至社会带来更大的经济效益。

企业的智能化应用不仅仅是一种互联网技术工具的创新，更是推进企业在管理思维上构建一种更理性、更科学的经营方式。让企业经营者和实际业务的负责人，更多地基于事实的数据进行决策判断，而不是以感性的经验作为决策依据，从而降低企业经营过程中的试错成本和时间成本，提高决策的正确性。

根据国际数据公司（IDC）发布的《IDC FutureScape：2021年全球数字化转型预测》，到2025年，在全球动荡的环境推动下，75%的企业领导者将利用数字平台和生态系统能力来调整他们的价值链，以适应新的市场、行业和生态系统。

3.企业可视化监管

数字经济时代的企业战略决策具有高频率、多中心和即时响应的三大特点，需要企业能够构建出一套业务场景，满足成果可视化、业务分析实时化、决策建议动态化三大要求。企业可视化监管，要求企业在数据、算法、算力和智能化应用的有效整合下，让企业经营者及业务负责人能够实时查看相关业务信息，通过数据的动态表达与趋势预判，进行全局监管、整体评估，进而快速找到企业经营过程中面临的具体问题的实际根源，并及时采取有效措施。

　　企业的可视化监管与信息图及统计图密切相关，企业决策者可以借助图像化的方式，清晰、有效地分析企业经营过程中原本复杂的数据，在一个容易理解的范畴内对问题进行评估。

　　在企业信息化改造阶段，企业通过使用传统的统计性图表（饼状图、柱状图、线状图）来展示数据，其特点是表达的内容都是已经发生的。当然，因为这样的"数据可视化"工具已经相当成熟与完善，对于图形技术和数据技术的要求不高，因此相关的应用成本低，甚至很多企业还在使用 Excel 作为数据可视化的工具。然而其图表展现形式与数据单一、配置复杂且拓展性差，展示企业经营相关的数据维度和数据量时，明晰度和实时性都受到极大的限制。同时，大而全的数据展示，让业务负责人有了洞见全局的错觉，类似于盲人摸象，且历史数据未必能够代表未来，无法保证业务负责人可以做出正确的决策。

　　因此，越来越多的企业开始通过数据分析可视化的赋能，将多场景下获取的"描述"数据，通过进一步"诊断""预测"的方式，在产品研发场景、供应链选择场景、生产加工场景、用户消费场景、用户服务场景实时分析每个业务环节的数据，让人与机器之间进行充分交互，通过数据分析的可视化，让业务负责人和实时数据进行高效协作，进而为正确地决策打好基础。

　　可以说，数据可视分析是帮助人与机器进行交流，利用实时的数据与分析逻辑更好地进行人机互动，让业务负责人参与到数据的"认知"过程中，进而让数据分析的成果更加直观。

美国麻省理工媒体实验室的弗莱博士在《可视化数据》中把数据可视划分为：获取、分析、过滤、挖掘、表示、修饰、交互七个步骤，中国传媒大学南广学院专职教授何光威在《大数据可视化》中，为了便于理解相关流程，将这七个步骤归纳为三大部分，即原始数据的转换、数据的视觉转换与界面交互，如图 1-13 所示。

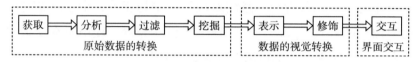

图 1-13　数据可视化监管流程

资料来源：何光威．大数据可视化 [M]．北京：电子工业出版社，2018.

何光威教授将弗莱博士的获取、分析、过滤和挖掘归纳为原始数据的转换，即通过互联网技术，将人工收集、软件抓取和硬件获取的数据先进行必要的分析和过滤，删除冗余数据，确保数据的质量。

数据的视觉转换涉及表示和修饰两个步骤，即将获取的数据通过视图的方式展示出来，这本质上是一个草图，也可以理解为数据可视化监管效果的雏形图，通过人工确认的方式，采取最适合的方式进行展示。修饰可使展示出来的数据更加清晰、易于识别，突出重点并实现部分辅助信息的表达，最终的数据展示既简单清晰，又美观实用。

界面交互给使用者提供了对于展示数据和关键属性进行差异化调整的可能性，让使用者可以通过人机交互的方式，对自身看到的数据进行更全面地了解及评估。数据可视分析模型如图 1-14 所示。

企业通过互联网技术将数据转化成可交互的图形界面，其本质是处理企业日益庞大的数据量与日新月异的数据源，通过相关专业领域的技术挖掘和分析之后，确保在企业经营的效能最大化的过程中，进一步延展出新的商业价值。

　　数据作为企业新的生产力，其核心商业价值在企业的经营中越发清晰地体现出来。

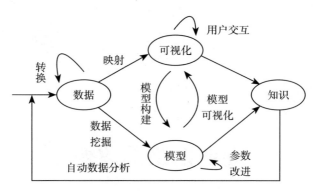

图 1-14　数据可视分析模型

资料来源：何光威 . 大数据可视化 [M]. 北京：电子工业出版社，2018.

　　工业经济时代，企业获取的数据大多数仅是自身的产品数据和员工的行为数据，随着数字经济的到来，企业掌握了获取上下游供应链、渠道乃至最终消费者的行为数据的便利通道，这为企业的数据处理和可视化监管带来了一个全新的课题。

　　企业正在通过高效的数据获取手段，构建自身多元的算法、强大的算力，进一步实现降本增效、开源增收，通过良好的数据处理与可视化监管的能力，构建自身的数据资产价值。

第 2 章

商业网络的改变

　　人和世界的交互本质就是经营网络，不论是家人、朋友，还是企业、国家都是如此。差别在于我们是拥有这个网络的主导权，或者在这个网络中担任关键角色，还是被这个网络所裹挟。

　　毕马威中国与阿里研究院 2019 年联合发布的《百年跃变：浮现中的智能化组织》报告指出，数字化时代对组织的最大影响是对商业模式的颠覆。在数字化技术和共创文化的驱动下，传统价值链导向的商业模式逐渐向平台化的商业模式迁移，数字化时代的竞争方式与过去相比发生了根本性的变化，主要体现在个性体验、多向互动、参与平台（或交易平台）、生态系统四个方面。而商业模式的迭代升级是通过清晰透明接口的交互连接、多方关联群体的共同创造、数据算法的智能驱动和多边网络效应的协同发展来实现的。

　　数字技术正在越来越高效地让人与人、人与组织、组织与组织、机器与机器、人与机器之间的所有信息进行交互，并且是快速实时化、智能化的，它推动信息与资源更高效地共享，令越来越多的组织可以实时响应市场变化与用户需求，也可以通过企业间的产业链共享与协同制订更有竞争力商业策略的协同网络，在广度、深度、高度、速度等维度构建自身的核心竞争力，如图 2-1 所示。

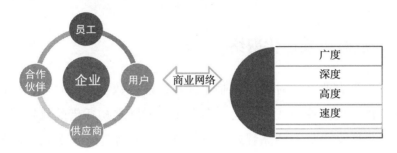

图 2-1　企业商业网络的改变

企业在整个商业网络上，广度、深度、高度、速度涉及：

- 产品、服务不变的情况下，用户群体广度的变化。
- 用户群体不变的情况下，其服务的产品组合发生的变化。
- 在产品、服务及用户群体不变的情况下，品牌或渠道的营销方式发生的变化。
- 在用户群体和提供的产品、服务不变的情况下，企业效能发生的变化。

越发激烈的市场竞争环境倒逼企业优化内部网络及外部网络的协作，围绕着用户体验、在线交互、接口透明、智能驱动、网络协同，实现为用户提供增值、创新、深层次的个性化体验。

通过有效在线交互行为设计，优化企业的在线化程度和多向增值交互，实现对内跨部门、对外跨边界的共创共赢。通过透明接口构建内外部的信任与协作机制，提升价值创造相关的协同工作效率和精准性，为企业网络治理构建科学的服务机制。

　　本章通过对"点对点规模化网络""双边撮合网络"及"多边协同网络"进行概念阐述并分析企业商业价值应用，为读者提供数字经济时代下相关商业网络发展趋势和案例参考，读者可以选择性地将其应用于自身的商业网络构建。

2.1　点对点规模化网络

　　不论是农业经济时代、工业经济时代还是数字经济时代，都存在点对点销售的商业模式，甚至很多企业在成立之初凭借的就是其创始人在自身网络中拥有的品牌或资源优势。这些优势让点对点规模效应更高，企业可获取更高的利润。

　　企业点对点的服务一般会表现出明显的规模效应，即随着产量的增加，平均成本会不断降低。沉淀下来的品牌，也将形成口碑传递，带来更多的用户关注并产生购买行为。规模效应在各行各业中普遍存在：

- 在制造业中，同一条生产线在其设计的产能范围内，生产的产品越多，边际成本就会越低。
- 在零售业中，开设的卖场越多，其商品采购的量会越大，议价权也就会越高，因此单品的采购价可能会更低。
- 在互联网行业中，研发一款游戏需要成本，因此游戏上线后，100万人成为付费玩家和10万人成为付费玩家，每位玩家所分摊的研发成本也是不一样的。

　　这种规模化效应的产生有多种原因，这里我们简单列举制造业中的规模化例子：

- 生产规模越大，分工越细致，工人的生产技能越熟练，则生产效率越高。
- 生产规模越大，平摊至每一件产品的固定成本就越低。
- 生产规模越大，针对原材料采购等场景的议价能力就越强。

企业为客户提供产品或服务时以中心化网络为核心，由卖方提出相关产品或服务的报价，买方选择卖方，接受这个价格并付款，享受卖方的产品或服务。其中，作为产品和服务的提供方，不同行业相关的成本并不相同：

- 制造业需要自行制造产品，所以其成本构成可能包括研发成本、原材料成本、制造成本、渠道成本等。
- 零售业一般不会自行制造产品，而是大批量购入商品，然后以加价售卖给终端用户的方式来盈利，所以零售业的成本构成可能包括购入商品的费用、渠道费用、场地费用和人力资源费用等。

我们假设所有生产的产品都可以顺利地卖出去，那么由于销售量扩大，平均成本降低，企业盈利的能力会越来越强。而在点对点规模化网络里，主要表现出以下三方面问题：

- 企业产能问题：在工业经济时代，用户选择较为单一且需求量大，因此企业更倾向于将产能投向大宗、同质产品，对于投入大、效益小的个性化产品没有生产的动力。
- 生产成本问题：若要求生产商满足用户所有的个性化需求，必然导致企业采购成本、生产成本、服务成本大幅度上升，以至于只有极个别的用户才付得起这个价钱，得到个性化的产品和服务。

- 需求传递问题：企业无时无刻不在获取内部或外部传递的个性化需求，但是当企业数字化能力不足的时候，难以做到有效的收集、整理与分析，无法对个性化需求进行精准把控。

在数字经济时代，普及的数字化技术有效降低了企业交易成本、扩大了市场规模，并进一步降低了相关商品的生产成本，甚至推动了相关产能大幅提升，整个市场环境从过去的供给端市场向消费端市场转变。用户主权从隐性变成显性，真正支撑用户话语权的力量正在崛起。

数字化把用户凸显出来了，他们有了更多的表达权、话语权、参与权、选择权，这是一个用户主权崛起的时代，但企业并没有为这场变革做好充分的准备。企业缺乏的不是用户，而是与用户互动。因此双边撮合网络和多边协同网络应运而生。

2.2 双边撮合网络

在数字化技术和互联网出现之前，就存在双边撮合网络——集市。自 1852 年世界上第一家百货商店诞生起，以零售业为代表的消费互联网载体中先后出现了百货商店、连锁商店、自选超市、大卖场、折扣店、电商、团购、社区购等多种业务形态。

在点对点规模化网络中，相关价值创造的流动是单向的（从成本到收入）。而在双边撮合网络中，供需双方都向相关的网络平台支付成本，又都获得收入，如图 2-2 所示。

1995 年，家乐福带头打响了中国自选超市这一产品销售业务形态创新的"第一枪"。这种干净卫生的消费场景，产品多而全的开放式货架卖场形式，一下子打败了集市的小摊和街边杂货店的三尺柜台，最大限度地激活了当时消费者的好奇心和购物欲，为中国消费者提供了全新的购物体验。彼时，最时髦的事，莫过于周末在大卖场推车漫步，然后拎着大包小包，乘坐免费接驳车回家。

图 2-2　从点对点规模化网络到双边撮合网络

改革开放以前，中国零售服务行业曾长期落后于世界平均水平。而在 20 世纪 90 年代之后，企业经营者们以"只争朝夕"的决心与毅力，在 10 年内吸收了发达国家百年产品销售的经验，为中国史无前例的 GDP 增长奠定了坚实的基础。

随着应用了互联网技术崛起的草莽企业亚马逊于 1995 年在互联网上卖出了第一本书，基于互联网终端开启的双边撮合网络为基础的电子商务平台模式开始风靡全球，整个零售领域的商业格局随之改变。在美国，有些大型连锁超市破产，梅西等传统百货商店生存日渐艰难，亚马逊等企业借助数字化技术发展成为排名靠前的全渠道零售商。

以电商平台为例，越来越多的用户开启了线上、线下消费相融合的采购模式。随着消费场景的丰富，用户对产品有了更大的表达权、更强的话语权、更大的选择权和更广的参与权，不论是线上还是线下提供服务的企业，面向用户时都在越来越体现出个性化、实时化、场景化、内容化和互动化的服务倾向。

企业在产业链中位置不同，从果蔬生产、矿产开采的原产地，到更具创新工艺、成本更低、生产效率更高的工厂，或者相关的物流、仓储、配货的服务商，都需要通过高效率的信息化处理能力，在产业链上海量的合作伙伴中寻找最优的匹配方和最终的选择。

随着电商这样的双边撮合网络服务商的出现，企业在更有效地连接用户并获得营收增长的同时，也越来越懂用户。企业为持续满足用户在品质、精准需求、快速响应与互动上的诉求，仅在原有的生产加工领域投入是远远不够的，需要与整个产业链联动，通过消费互联网获取需求数据，整合产业互联网进行高效的协同生产，以满足用户变化的消费需求。

用户通过各种各样的双边撮合网络可以更方便地获取相关产品信息，视野变得更为宽广，对产品高品质和个性化的呼声也日渐高涨，消费习惯从原来"买得到"向"买得好"转变。

每个用户对不同种类商品的要求并不一样：有些商品要求"价格取胜"，有些商品要求"紧跟潮流"，有些商品要求"小众化"，还有些商品要求"定制化"。过去企业没有数字化能力的时候，企业无法快速匹配用户"小众化"的产品需求，而电商平台提供的数据和企业自身数字化能力的提升，带来了这种可能。

电商平台在双边撮合网络中提供的服务日益完善，正在实现基于消费端的数据，优化供给端相关服务的可能，让更多的企业通过分析数据快速响应消费者需求，谋求自身更好的发展，如图 2-3 所示。

企业经过多年的发展，虽然具有产品制造和服务提供的丰富经验，但是缺乏基于数据的需求洞察推动产品开发，没有全网、全渠道的数字营销相关品牌塑造、研发设计、需求分析和数字营销的专业能力，恰好借助双边撮合网络服务商补全这些能力。

电子商务的发展，20 多年来为中国经济崛起奠定了坚实的基础，涌现了一批如阿里巴巴、京东等世界知名的领先企业，取得了令人瞩目的成绩。然而我们也看到了这里还存在四个方面的问题。

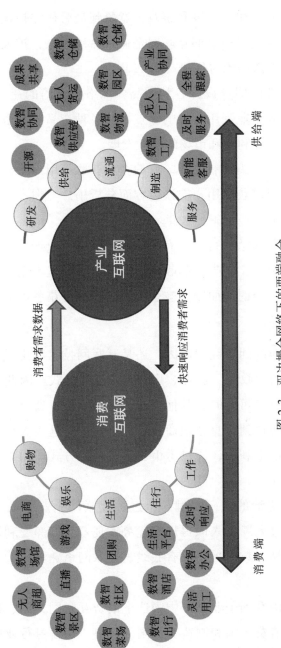

图 2-3　双边撮合网络下的两端融合

- 参与者之间往往是零和游戏，竞争到最后往往是赢家独占所有市场，因此很多早期互联网企业拼命地投入，扩大规模，以求打败对手占据绝对优势。
- 利用人性的弱点设计各种产品，网络上失信的违约成本极低，于是部分企业利用人性的弱点设计各种产品来获取流量，罔顾用户的长期利益和市场的良性发展。
- 企业数据采集没有底线，有的企业获取了用户手机麦克的使用权限，通过获取用户交谈内容而分析用户习惯，看似聪明的做法实际上已经触犯了法律。
- 出现互联网杀熟行为，有些企业会根据大数据将用户群体划分为不同类别，同类产品收取不同的金额，这类杀熟行为有违市场公平、透明的原则，被杀熟的用户一旦获悉可能会放弃此企业的产品。

这四个方面的问题究其原因，还是互联网技术应用过程中，尚未形成明确的各方（政府、企业、用户）共赢的模式。因此当企业一旦确定某种模式有利可图时，其他企业就纷纷效仿，通过大肆投入形成规模效应，进而达到自身企业商业获利的目的。这大大伤害了用户及大部分企业的根本利益，通过劣币驱除良币的方式取得市场经营收益的方式极不可取。

随着国家法治的进一步健全，过去互联网企业面向消费端不讲商业规则、通过大肆投入取得规模优势实现零和博弈、利用人性的弱点设计各种产品、数据采集没有底线、互联网杀熟等行为，必然不能继续。

用户更期待看到企业基于中国这个消费互联网大国、社会零售总额大国、数字消费大国和制造业大国的优势，在自身行业中进行优势的有效聚合，进而形成双边撮合网络服务叠加效应、聚合效应和倍增效应，在保证用户权益的同时，为企业带来更多的商业价值。

2.3 多边协同网络

提到企业商业应用网络，就不得不提到"梅特卡夫定律"，它被很多人认为是数字化技术搭建互联网商业价值的高度概况和总结，且涵盖过去、现在和未来新技术商业价值发展的方向。

梅特卡夫定律的表述非常简单：一个网络的价值和这个网络节点数的平方成正比，用公式表述就是：$V=K \times N^2$，其中 V 代表一个网络的价值，N 代表这个网络的节点数，K 代表价值系数，如图 2-4 所示。

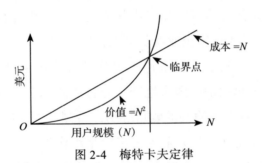

图 2-4 梅特卡夫定律

1993 年，乔治·吉尔德在《福布斯》杂志上系统地阐述了梅特卡夫的关于网络价值指数增长的理念，并把它命名为梅特卡夫定律。当时美国互联网处于萌芽状态，各类网站都在快速发展，却没有得到包括广告主和投资人的广泛认同。梅特卡夫定律让科技界和互联网圈之外的人了解到了互联网未来发展的价值。

2013 年，中国科学院的张兴洲、刘景洁、徐志伟也在著名的《计算机科学与技术》杂志上发表的论文中，用腾讯和脸书两个企业的数据验证了它们的月活数据和它们各自的估值（市值）是符合梅特卡夫定律的。

这里我们举一个微信的例子，描述人们通过工具加入一个网络的过程中，企业商业应用价值的体现。任何一个工具，早期选择加入的成本极高，而一旦被用户认同、使用并普及，就意味着用户可以通过产品在网络中连接、沟通的潜在对象更多了，这个工具及所诞生的网络对于用户的价值就越大。同时，对于创造微信的企业来说，使用产品形成网络效应的用户越多，该工具的商业价值就越大。而且因为企业拥有这个网络的主导权，所有意图加入该网络获得自己商业价值的企业或个人，就要遵从该企业构建的商业规则。

二手房中介行业是一个非常传统、保守的行业。但就在这样一个行业中，却异军突起地杀出了一家颠覆性企业，多边协同网络的设计让这家企业在成立后的短短几年内就成为二手房中介行业的领军者，交易规模不断飙升。这家企业就是贝壳找房。

想要理解贝壳找房，就不得不提到其母公司链家。链家创立于2001年，自诞生起就是中国房地产中介行业的一个"另类"。链家创始人左晖因为自身有不愉快的购房经历，看到了二手房行业巨大的商机。当时二手房行业的服务企业大多数是小作坊，且处于卖方市场，在房源为王的背景下，存在巨大的信息不对称，大部分的中介都选择靠吃买卖双方差价的方式来获取暴利，不仅如此服务态度也比较差，用户只能忍受。

因此，链家选择从用户的痛点出发，解决实际存在的问题。2004年，链家首先打破行业规则，率先在行业内推出"透明交易、签三方约、不吃差价"的阳光操作模式：买卖双方见面签订三方协议，进行阳光交易。这种模式极大地解决了用户的痛点。虽然此后链家两次宣布上涨费率，但是仍然迎来了稳步增长，在强手如林的北京市场站稳了脚跟。

2008年，链家引入IBM等咨询公司入驻，在外脑的帮助下厘清使命、战略、价值观，以及讨论要不要做互联网、怎么做互联网等问题。当时，假房源信息遍地，用户体验极其糟糕。于是链家在 30 多个城市开始做房屋普查，记录每一套房子的门牌号、属性等信息，一套房源一个编码，再录入名为"楼盘字典"的数据库。

链家将获取房源的工作拆成了信息录入、所属和实勘三项，基于不同的贡献可获得 30% 的佣金，达成交易的经纪人则得到剩下的 70%，对于分工与流程，链家也给出了明确的定义和标准。这样大体平衡了获取房源和达成交易这两大环节的利益分配。经纪人之间无须剑拔弩张地单打独斗，通力合作同样可以实现收入的提高。对于行业而言，这种合作提高了整体效率。在合作的机制下，原本一套房子只能在有限的买家里询价，现在变成了可以在近乎无限的买家里询价，成交效率自然大为提高。

"房源更多→买家更多→卖家更多→房源更多"正向循环的网络效应出现后，公司的品牌价值也能实现有积累的增长。随着这种合作机制的日渐完善，它后来被命名为经纪人合作网络（Agent Cooperation Network，ACN），如图 2-5 所示。

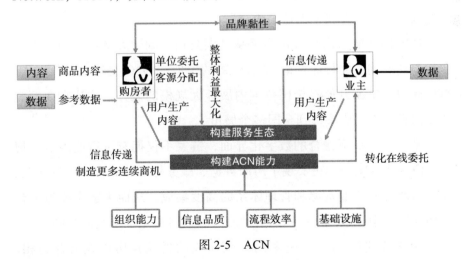

图 2-5　ACN

2014 年链家的交易额达到了 2000 亿元，公司收入则为 39.3 亿元，还实现了净利润 4.1 亿元。在这样的正反馈下，面对互联网公司的凶猛进攻，链家相信自己对房地产经纪行业和互联网的理解是正确的：消费性服务业中的用户，需要真实、靠谱且简单的服务。

2016 年链家网已经建立起了统计、搜索、存储等多个类似技术中台的公共服务模块来支撑子业务的发展。这时链家网的数据积累已经颇为可观。房源已有真实存在、真实委托、真实价格、真实图片 4 个标准，对一套房子的描述扩充至 380 多个字段（标签）。原来一套房子的数据量可能只有 10 KB，到 2017 年底则达到了 1 MB 甚至 10 MB。2008 ～ 2016 年链家花了 4.5 亿元完善"楼盘字典"，覆盖了 30 个城市的 7000 万套房源，链家的真实房源率已经达到了 97% 以上。

2016 年前后，链家网招募了一批算法、数据模型团队，提高估价、户型图识别、用户画像、楼盘识别等场景的智能程度，其中"调度系统"是让信息尽快发送给合适的经纪人，从而提高系统的整体效率的典型工具。比如，一个业主的房子降价了，理想的情况是看过这个房子的用户和相应经纪人都能尽快知道这个消息，系统会告诉相应经纪人"要重点关注一下这个用户"。

链家网在链家内部被认为是从"大公司"到"大平台"的二次创业，而这次创业的目标直指 10 万亿级的房地产 O2O 交易与服务市场。与此同时，链家开始在全国范围内展开大规模的兼并，这让它在短短数年内将线下门店渗透到全国多个城市。

基于线上线下融合的数字化界面，链家不仅拥有了行业内最具规模的流量入口之一，更实现了房源数据、服务标准和流程、产品开发、经纪人培养等产业资源和管理体系的高度集成，从而为链家成为平台化构建房产中介领域坚挺的消费性服务领军者奠定了坚实的基础。

2018 年 4 月 23 日，链家网升级而成的贝壳找房正式公开亮相。

整体战略定位上，贝壳找房是独立的第三方平台交易平台，向所有房地产中介公司开放，链家只是入驻商户之一。链家与贝壳找房的关系，和京东平台与京东自营的关系有些类似。京东自营的能力成熟后，向第三方商户开放，将自身平台化。京东自营是京东平台的最大商户，与京东第三方商家适用同样的规则，只是京东平台没有起一个区别大的名字。

贝壳找房平台的底层机制，是把原来在链家内部形成的 ACN，由内部推向全行业，把内部已经搭建的信任机制推向全行业，把自身已经做好的产品与服务向全行业赋能，用技术驱动品质居住服务平台的形成，致力于聚合和赋能全行业的优质服务者，打造开放合作的行业生态，为消费者提供包括二手房、新房出售、租赁和家装等全方位的服务。

从链家到贝壳找房，底层逻辑是从竞争到共生。链家网作为一个内部服务系统，核心目标是把城墙筑得越来越高，敌我分明；贝壳找房的目标是和第三方伙伴形成生态共生，相当于拆墙提供自有渠道给生态伙伴，在这一过程中所有参与者都能获益。

左晖说："我们是在和旧的理念和思维模式竞争，而不是和具体的哪个对手。"贝壳找房创新构思的本质是：改变二手房交易行业长期以来传统的、粗放的、低信任的交易服务模式，以行业合作平台的方式构建专业的、可信的、协作的交易服务网络。最终 ACN 合作规则吸收了相关品牌、中介企业主、经纪人的反馈，形成了"总规则—各类子规则—不同城市各自适用细则"的框架体系，迭代也非常频繁。几年间累计上千次的规则迭代，让不同城市的适用细则甚至可以做到每个月都在更新，如图 2-6 所示。

贝壳找房可帮助经纪人为客户寻找合适的房源。以前经纪人主要靠网页、朋友圈或微信群、其他经纪人、房源交流会等原始渠道找房子，贝壳找房通过经纪人、客户、房源匹配的算法帮助经纪人提高了房源匹配效率，如图 2-7 所示。

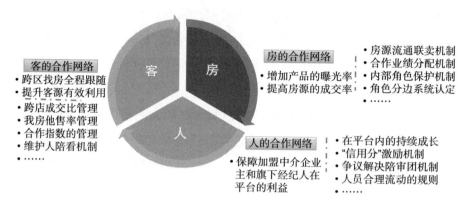

图 2-6　贝壳找房 ACN 结构下的网络结构

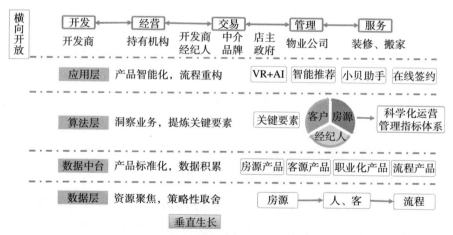

图 2-7　贝壳找房 ACN 的找房路径

在这些能力的支撑下，2020 年初贝壳找房陆续上线了 VR 售楼部、在线签约、线上贷签和资金存管等功能，用户的消费场景和经纪人的服务场景都完成了数字化闭环。以烦琐的线上贷款签约为例，买方、业主、银行、经纪人等不用再去线下完成签约手续，通过贝壳 App 在线完成即可。贝壳找房的价值就是把链家做得不错的方法论、价值观赋能给竞争对手，提高它们的效率，为用户提供更好的服务。

左晖在 2020 年《致股东的一封信》中表示：这是一个 18 年（链家）和 2 年（贝壳找房）的组织的结合体。房地产服务业作为一个"前工业化"的行业，一旦被互联网和大数据深度重构，将释放极大的价值空间，完成对行业标准化和线上化的彻底改造，"以数字化手段重塑居住产业互联网"，成为贝壳找房设定的发展战略。

换个角度理解，在工业化时代消费性服务业处在非常复杂且基础很差、效率很低的大环境中，从业者和用户的体验都不是很好，但用户随着收入的增加，更为追求美好生活、更好消费服务体验，给市场带来了巨大的规模增速，这种情况下，所有从业者都会面对短期"大"机会的巨大诱惑，即不对行业效率和用户体验做任何改善也能获得可观的增长。

贝壳找房则是明确站在消费性服务业的立场上，将一个完整的交易分为不同步骤，允许多个经纪人跨品牌、跨店面在一次交易中合作，根据其角色分配佣金。在一次交易中，包含经纪人、房源录入者、维护人、推荐人、成交人、金融顾问等多个角色。通过协作，经纪人的利益链条明确，房源信息、成交信息、房价、活动量、业主动态等信息全部可见，卖房、买房的用户有了更好的感受。

同时，贝壳找房提升了整个行业的专业水准，"我们想让（经纪人）这份职业周期延长，变成几年，甚至是终身，人们能更有'尊严'地去从事这个职业"。由于经纪人之间的竞争关系，加上单个用户购房的低频，经纪人以签单为目的采用粗放服务模式是行业通病，很多经纪人从业时间低于六个月，行为短期化。贝壳找房专门设计了贝壳分、贝壳币、信用分等多个机制，倒逼经纪人为用户提供更专业的服务。

2018 年 11 月，贝壳找房正式发布了"贝壳分"。这套此前在链家运营多年的用来评价经纪人的模型，被调整得更看重学历、合作伙伴评价、专业考试、用户评价等指标后，向贝壳找房所有的经纪人推广，务求提升服务质量。贝壳分的高低将直接影响用户打开贝壳 App 寻找经纪人的第一判断，这既包括用户的主动筛选，也包括系统的推送。随着越来越多的用户使用贝壳 App，贝壳分被越来越多经纪人所看重，因为贝壳分不仅包含 100 多个加分项，还有很多减分项，而最终的分数高低决定着贝壳 App 向经纪人倾斜的流量。

工业革命以来，英、德、美等大国崛起的背后都在于各自成功构建出了独特的多边协同网络。今天的大国竞争、企业竞争很大程度上体现为各类技术平台及其生态系统所承载的创新体系之间的竞争。

基于数据资产的新时代已经来到，很多企业乃至国家都在发展相关能力。而未来"赢"的关键，就是当前多边协同网络制度的布局与价值点。

在数字经济时代，每个组织都在向云化、平台化、网络化靠拢，都在通过数字化技术的应用，让企业与网络进行更高效地协作。这个新时代要求企业的经营者能够基于原有点对点规模化网络或双边撮合网络的资源与能力，构建一个全新的价值协同网络，让网络中的成员在一个更开放、透明的机制之下，进行价值协同与价值服务，以达成持续改善、共同为用户创造价值的目标。

面对已经出现的多边协同网络，很多企业正在通过互联网技术应用，将自身的资源及能力延展乃至控制至整个产业链上下游。通过头部或领先企业的优势，基于数字化技术将行业价值分配的重新设计，这里我们整理了多网融合下相关商业未来运作的宏观思路，如图 2-8 所示。

所谓多网融合，即将消费端、产业端与价值端涉及的所有网络，通过互联网技术进行融合。在这个过程中，企业在优化原有的保护用户、渠道商、供应商权益规则的同时，是如何通过数字化转型构建自身的数据资产，做到进一步发展的呢？

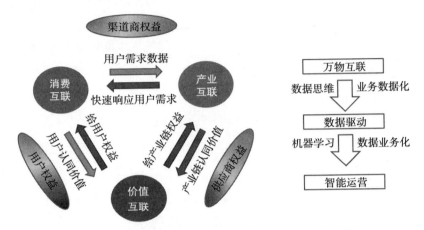

图 2-8　多网融合下相关商业未来运作的宏观思路

我们给大家介绍一个当前火爆的多中心化自治组织（Decentralized Autonomous Organization，DAO）的概念，即将组织的管理和运营规则以"智能合约"的形式编码在区块链上，从而在没有集中控制或第三方干预的情况下自主运行的一种组织形式。

DAO 就像当前企业组织经营的镜像，其中的权力是多中心化的，管理也不是部门下的层级制，而是基于价值服务的扁平化，依赖于一个达成共识的商业运营机制也就是智能合约，由彼此的资源禀赋、互补优势和利益共赢所驱动。DAO 中的运转规则、参与者的职责权利以及奖惩机制等均公开透明，且可追溯。

DAO 通过给创造实际价值的个体匹配相应的收益以及权利进行激励，人员充分展现自我优势，根据自己的资源优势和才能资质与组织相匹配，实现分工协作，使才能发挥最大效用，在通证的激励机制的作用下有效协作，从而产生强大的协同效应。

市场竞争下的时代旋涡

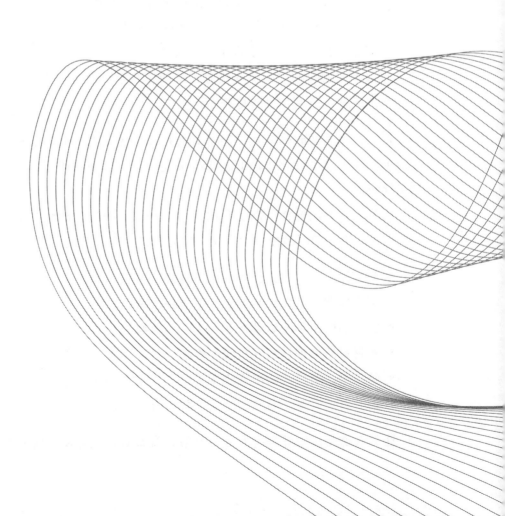

在这个通过数字化技术加速时空折叠与协作增效，进而带来产业数字化旋涡演变出的双生镀金时代，企业需要清晰地认识到企业数字化及商业网络中关于认知、环境及数据资产价值创造的底层逻辑，让企业能够顺应时代的发展，构建相关能力及资源，以应对变幻莫测的新环境。

纵观整个人类历史，每一次连接的重大改变带来的都是效率的提升，从而促进整个社会的进步，甚至是革命的爆发：

- 电话的发明使得人和人的连接远比通信时代更及时。
- 汽车、飞机的出现使得人和人的连接不再受限于地域。
- 互联网让地球真正变成了一个村子，人与人、人与商品、人与服务、物与物之间的连接方式被彻底改变，沟通的效率、交易的效率都得到了大幅提升。

相比工业经济时代，数字经济时代是又一次效率革命。未来用户的需求会越来越个性化，他们追求越来越快速，越来越便捷，甚至是越来越便宜。

同时，企业还要在不断变化的政策、经济、舆论、市场资源竞争的环境中，构建随时适应周边变化、洞见要素并应对的能力：

- 政府发布新的法律法规及相关政策。
- 资本周期的变化带来的企业资金获取困难。
- 突发的舆论环境导致行业发生巨大影响。
- 新材料的出现导致经营成本提高。
- 新技术、新模式的出现改变了整个行业的运行规则。
- 拥有着强资本、高效能的竞争对手切入市场。

这要求企业在做好自身业务的同时，有着对行业环境敏锐的观察与理解，并且能够基于周边环境的变化，调整内部关系及外部链路的制度设计，进而做到企业能够跟得上乃至引领大环境变化，让企业生存下去，甚至发展得更好。

本篇通过描述由科技发展与政策推动起来的双生镀金时代与各产业发展的趋势，让读者能够从宏观的视角，识别企业未来发展的方向，以及评估与识别什么应该做、什么应该放弃。

第 3 章

双生镀金时代

双生镀金时代这个词最早出现在路透社资深编辑克里斯蒂娅·弗里兰的《巨富：全球超级新贵的崛起及其他人的没落》一书中，弗里兰深入追踪全世界富豪近 20 年，以原汁原味的采访资料为依据，深刻且全方位地解析了新镀金年代精英们的生活方式与赢利之道。同时作者在书中表达了一个重要的观点：在美国历史上，先后两次镀金时代与富豪的诞生有关。

第一次镀金时代是在 19 世纪最后的 30 年，洛克菲勒、卡内基、摩根等人都出生于 1840 年前后，他们成长的 19 世纪六七十年代，正好是美国历史上经济发生最大变革（工业化与产业整合）的时代。

第二次镀金时代始于 20 世纪最后的 30 年，比尔·盖茨、史蒂夫·乔布斯、埃里克·施密特都在 1955 年出生，他们成长的 1975 年前后，正好赶上了个人计算机技术发展，行业信息化、数字产业化、产业数字化的浪潮。

　　当前，西方正在经历"第二次镀金时代"，而新兴国家正在经历自己的"第一次镀金时代"。如今的世界，是第一次和第二次镀金时代并行，简称"双生镀金时代"。

　　本书借用了这个概念。跟随中国经济腾飞的企业，都是基于政策的支持和科技的创新而发展起来的，构建了中国经济崛起的镀金时代，为这个土地上的所有人带来新机遇。

3.1　数字经济的发展现状

　　数字经济是继农业经济、工业经济之后的主要经济形态，是以数据资源为关键要素，以现代信息网络为主要载体，以信息通信技术融合应用、全要素数字化转型为重要推动力，促进公平与效率更加统一的新经济形态。数字经济正在推动生产方式、生活方式和治理方式的深刻变革，成为重组全球要素资源、重塑全球经济结构、改变全球竞争格局的关键力量。

　　不同于农业经济（土地、劳动）和工业经济（土地、劳动、技术、资本），数字经济的生产要素以数据为主导，如表 3-1 所示。

表 3-1　数字经济与农业经济、工业经济对比

经济形态		新的通用技术	新的技术设施		新的生产要素	新的生产方式	新的发展速度	新的全球化	新的公民素养	新的衡量标准
			类型	对象						
农业经济		—	—	—	土地、劳动	—	缓慢			人口
工业经济	第一次工业革命	蒸汽机	交通运输、管道运输、电网	物质能量	资本	单件小批生产	线性增长	货物、资本、人	读、写、算	人口
	第二次工业革命	电力、内燃机			技术	大规模生产				GDP
数字经济		数字技术	信息网络系统	信息	数据	大规模定制	指数增长	数据	数字素养	算力等

资料来源：腾讯研究院、中信建投证券研究发展部。

　　数字化浪潮正在重塑世界经济格局，数字经济表现出强大韧性，成为全球经济发展的活力所在。2020 年，全球 47 个国家的数字经济增加值规模达到 32.6 万亿美元，同比名义增长 3.0%，占 GDP 比重高达 43.7%，其中，全球数字经济规模前十名如图 3-1 所示。

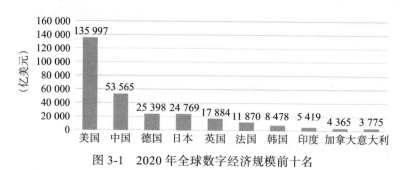

图 3-1　2020 年全球数字经济规模前十名

资料来源：中国信息通信研究院《全球数字经济白皮书》。

　　党的十八大以来，我国大力推进数字化、网络化、智能化发展；党的十九大提出建设数字中国、智慧社会的发展方略，智慧城市建设、数字技术应用的重要性愈加凸显。

　　数字经济在新冠疫情中逆势崛起，有效稳定了经济。2020 年在新冠疫情导致全球经济下行之下，我国数字经济同比增速依然达到 9.7%，是同期 GDP 名义增速（3%）的 3 倍多，数字经济成为稳定我国经济持续增长的关键动力。

　　2021 年 10 月 18 日，中共中央政治局就我国数字经济健康发展进行第三十四次集体学习，习近平总书记在主持学习时强调，数字经济正在成为重组全球要素资源、重塑全球经济结构、改变全球竞争格局的关键力量，发展数字经济是把握新一轮科技革命和产业变革新机遇的战略选择。

　　由中国信息通信研究院撰写的《中国数字经济发展研究报告 (2023 年)》指出，2022 年，我国数字经济规模达到 50.2 万亿元，同比名义增长 10.3%，已连续 11 年显著高于同期 GDP 名义增速，数字经济占 GDP 的比重相当于第二产业占国民经济的比重，达到 41.5%。我国数字产业化规模与产业数字化规模分别达到 9.2 万亿元和 41 万亿元，占数字经济比重分别为 18.3% 和 81.7%，数字经济的二八比例结构较为稳定。

由此看出，数字经济与实体经济不是对应关系。

数字经济是相对于传统意义上的农业经济、工业经济而言的，是一种新的经济形态。确切地说，数字经济不只催生出一种新型业态，同时也是对原有各种业态的颠覆。在 50.2 万亿元的数字经济中，90% 以上是实体经济，包括做数字技术设备的实体企业，也包括被数字化改变的原有实体经济，所以我们不认为数字经济与实体经济是对立关系，而是所有的实体经济都会成为数字经济。

2022 年 1 月 12 日，国务院印发《"十四五"数字经济发展规划》（以下简称《规划》），明确了"十四五"时期推动数字经济健康发展的指导思想、基本原则、发展目标、重点任务和保障措施。《规划》部署了八方面重点任务：

- 优化升级数字基础设施。
- 充分发挥数据要素作用。
- 大力推进产业数字化转型。
- 加快推动数字产业化。
- 持续提升公共服务数字化水平。
- 健全完善数字经济治理体系。
- 着力强化数字经济安全体系。
- 有效拓展数字经济国际合作。

围绕八大任务，《规划》明确了信息网络基础设施优化升级、数据质量提升、数据要素市场培育试点、重点行业数字化转型提升、数字化转型支撑服务生态培育、数字技术创新突破、数字经济新业态培育、社会服务数字化提升、新型智慧城市和数字乡村建设、数字经济治理能力提升、多元协同治理能力提升工程等 11 个专项工程。

2022 年的政府工作报告提出要促进数字经济发展：加强数字中国建设整体布局，建设数字信息基础设施，推进 5G 规模化应用，促进产业数字化转型，发展智慧城市、数字乡村。加快发展工业互联网，培育壮大集成电路、人工智能等数字产业，提升关键软硬件技术创新和供给能力。完善数字经济治理，释放数据要素潜力，提高应用能力，更好赋能经济发展、丰富人民生活。

由此可见，数字化的发展趋势不是以个人意志为转移的，而是社会发展趋势。若不去迎合趋势，就会被淘汰。即便一些非常传统的产业，比如农业，虽然数字化渗透率不到10%，但未来通过大规模生产，远程控制播种、施肥，并通过销售网络销售农产品，最终产业链条都会数字化。

随着数字经济的发展，各行各业只要自身需要商业化，需要用户，数字化都是无法逃避的趋势。

3.2 数字经济的产业渗透

随着数字科技的不断成熟、普及，以及新应用的不断涌现，各行业、全价值链的数字化程度在不断深入，价值互联网将为数字经济的发展提供可持续的增长动能。产业数字化持续深入，渗透率不断提升。

2020 年的新冠疫情倒逼各产业加速数字化转型，第一产业、第二产业、第三产业的数字经济渗透率分别为 8.5%、21.0% 和 40.7%，约为 1∶2∶4，同比分别增长 0.3%、1.5% 和 2.9%，为数字经济发展提供了广阔空间，如图 3-2 所示。

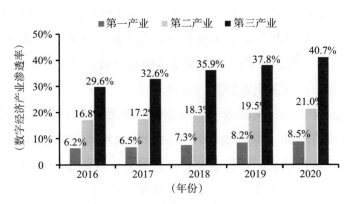

图 3-2 我国数字经济产业渗透率

资料来源：中国信息通信研究院、招商证券。

综合来看，我国各产业细分的数字化程度差异明显。线上化程度越高、数据越丰富的产业，其行业数字化的程度就越高。

产业升级换代周期越来越短，产业分工、融合和演进越来越快。电子商务、平台经济、共享经济等新产业、新业态、新模式即"三新"经济不断涌现。与此同时，中国的 SaaS 上市公司发展迅猛，消费级产品端有腾讯、阿里巴巴等，市值可与美国头部几家企业一决高下。

但是中国在企业端服务领域并没有出现可以和美国比肩的企业。形成这一问题的本质原因是美国各行各业的企业服务在互联网进入之前，基本都形成了完整的、经过相对充分竞争的链条。IT 和互联网技术应用开始进入美国各个产业时，大约是经济发展的滞胀阶段，彼时美国上游资源类行业（采掘、农林牧渔等）和垄断类行业（石油、烟草）表现较好，而金融和科技制造业相对靠后，消费类则垫底。不少美国企业为了在困难的局面中完成降本增效和开源增收，在线下已形成的成熟产业链条的基础上，大幅度采用了软件类效率工具。企业将应用软件统一部署在自己的服务器上，为用户提供服务。这是美国

SaaS 发展的整体基础。

进入信息化时代后，美国企业基于自身完整的企业服务链条基础，其每一次产业升级都会诞生出更多的应用需求，从而带动服务链条数量的成倍增加，所以通常会产生非常多的企业服务机会。因此在美国，SaaS 更像是面向成熟企业服务的效率工具。

中国原有的互联网商业模式看起来虽然和美国有许多相似之处，实际上却并不相同。以阿里巴巴为例，我国社会消费品零售总额从 2001 年开始高速增长，零售业开始蓬勃发展，而淘宝于 2003 年上线，也就是说，淘宝和中国零售业几乎是同频发展的，其分工、扩张和效率的升级都在互联网平台上实现，而非在线下成熟后再转移到线上。

其他行业的互联网商业模式也类似。比如美国的金融创新更多是基于线下业态的线上迁移和效率升级，而中国的金融创新，是以移动支付为代表的商品销售、生活服务商业服务体量激增带来的被动选择。

除了不断涌现的新兴产业外，在新技术的催化下，传统产业也发生了许多新的变化，呈现出跨界融合的特点。以互联网为例，早期出现的互联网技术，其行业特性相对单一，但在此后的发展中，互联网技术的运用逐步渗透到农业、工业和服务业中，开始演化出复杂的产业结合体。

数字化时代，每个行业都可以用数字化的方式重做一遍。这句话以前有人说过，现在看起来是非常切实的，因为社会经济领域已经有许多成功案例了。

IMD 商学院和思科合作成立的全球数字化业务转型中心发布了《全数字化旋涡：全数字化颠覆如何重新定义行业》的研究报告。该报告指出：鉴于数字化颠覆的混乱和复杂性，在这个快速演变的竞争格局中难以辨别出模式或"自然的法则"。旋涡的构造有助于理解数字化颠覆是如何影响企业和行业的。旋涡施加的旋转力，会将围绕它的所有物体吸引到其中。

　　报告的撰写者选择用"数字化旋涡"来表述，正是因为行业的数字化应用，具有快速、无序、很难确定发展趋势等特点，这与自然界中旋涡的主要特征十分相似。这个"旋涡"就是各个行业的商业模式、产品（或服务）和价值链最大限度地实现全数字化。数字化旋涡的力量将使物理世界的要素与数字世界的要素重新组合，用更高效的价值创造颠覆并冲淡行业之间的界限。数字化旋涡模型如图 3-3 所示。

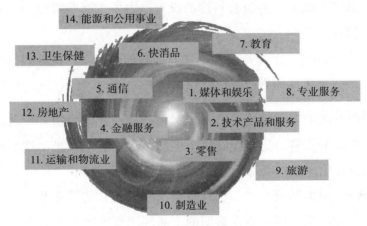

图 3-3　数字化旋涡模型

　　行业在旋涡中的相对位置代表全数字化颠覆对各个行业（企业）的影响程度。各行各业都会向中心（全数字化）移动，越接近中心，全数字化颠覆的程度越大，行业数字化进程越快，全数字化能力越强，行业内企业面临的竞争态势也越激烈。

　　数字化给媒体和娱乐、技术产品和服务、零售、金融服务、通信五个行业带来的颠覆显而易见：

- 媒体和娱乐行业，印刷、社交媒体、音乐、电视和电影领域都遭受到巨大的数字化颠覆，改变了一代人的阅读和娱乐方式。

- 技术产品和服务行业，正处于数字化相关技术改进和创新无休止的竞争之中。

- 零售行业，除了阿里巴巴、亚马逊等电子商务企业快速发展，O2O生活零售服务也在越发快速地影响着人们的生活。

- 金融服务行业，因为竞争加剧需要优化自身数字化能力，传统的银行为了应对互联网企业资金业务服务在用户体验、商业模式、业务流程、产品与服务上的差异化竞争，已经牢牢地陷入数字化旋涡，并进行持续的投入，力争重新获得用户的关注与信赖。

- 通信行业，作为各行各业数字化的基础设施，自身的技术储备被数字化旋涡裹挟着持续快速发展。

产业升级的本质是生产要素成本攀升与产业价值链升级之间的一场马拉松式的竞赛，这场竞赛决定了国家、企业能否借助技术升级过程中的差异化优势，获得下一个时代竞争的入场券。

当前，绝大部分企业都已经意识到它们所在的行业及产业链必然会被数字化改造，因为越发透明的市场环境要求企业经营者必须投入大量的精力去控制自身的成本投入。本章所提到的各产业的发展趋势，都潜移默化地朝着数字化、数据资产方面推进且不可逆。数字经济绝不是简单的引入数字化的技术和应用，它对企业产生的影响是全方位的，会影响商业模式，影响企业战略规划和执行，影响组织、人才、营销、渠道运营等各个方面。

3.3　技术改变工作模式

工业革命几百年来，制造业不变的追求是高效率、高质量、低成本和高满意度，区别在于互联网技术应用带来的时空折叠，让消费者有了更多的选择权，也推动企业利用数据将自身产品开发从大规模生产走向个性化定制。

互联网技术带来的沟通方式、工作方式的革新，推动着企业在经营发展和人才管理方面不断变革与创新，同时也给企业带来组织结构与机制的挑战、传统协作制度的挑战和人的挑战。

我们看到企业经营模式、团队协作模式和个人工作模式将被更灵活的雇佣关系和协作方式取代，并通过物质激励与积极进取的管理氛围，用赋权合能的方式为企业创造价值，让个人可以更公平、公开地获得收益的增加，如图 3-4 所示。

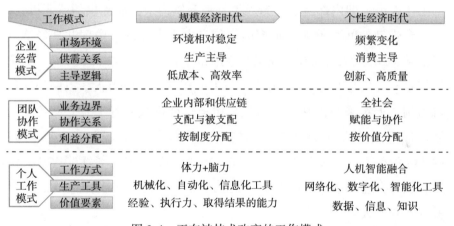

图 3-4　正在被技术改变的工作模式

在工业经济时代，或者说规模经济时代，整个企业经营的环境相对稳定，产品只要生产出来就不愁销售，因此企业只要关注用更低的成本、更高的效率完成商品的生产、销售就能获得成功。企业内团队的协作是基于内部的需求和供应链体系构建的支配关系，按照制度规定分配收益，企业内的员工凭借自身的体力和脑力，通过相关的机械化、信息化工具完成工作，企业按照规章制度考核员工能否在经验、执行力和工作能力上获得企业的价值认同，以及岗位、收益的提升。

到了数字经济时代，或者说个性化经济时代，互联网让消费者有更多渠道获得更廉价的商品或服务的信息，进而有了更多选择。同时，其需求越来越个性化、小规模，考验着企业应对变化的能力。

根据联合国电信协会统计，2021 年全球有 63% 的人口为互联网用户。电商平台主要运用互联网科技手段为客户提供线上线下服务。早在 20 世纪 90 年代，一些电商平台就开始在北美地区出现，将生产和劳务服务外包给一些南半球的低收入国家。早期的平台主要采取众包服务经营模式。

当前数字化平台上主要存在两类就业关系，一类是平台直接雇用的工作人员，即内部就业；另一类是平台作为中介商提供的就业机会，即平台带动的间接就业。根据国家信息中心发布的《中国共享经济发展报告（2021）》，2020 年我国共享经济平台企业员工 631 万人，共享经济服务提供者约为 8400 万人，较上一年增加 600 万人。以网约车司机为例，近年来我国网约车司机公司经营许可量逐月上升，网约车驾驶员证发放量从 2020 年 10 月的 254.5 万本快速增长至 2021 年 10 月的 488.8 万本。再如餐饮配送人员，2018 年我国仅有餐饮配送及外卖送餐服务从业人员 12.5 万人，截至 2021 年 6 月，仅美团注册的骑手就有 470 万人。

2022 年，我国灵活就业人数已超过 2 亿，平台经济快速发展。这给更多人的工作模式带来了天翻地覆的变化。他们有了更多的选择权，通过数字化平台的赋权合能，在获得工作机会的同时有机会获得更佳的收益和更自由的生活。

3.3.1　企业经营模式改变

在企业的经营管理领域，人们用"模式"表达事物的外在形态及其特征，把"经营业务""商务活动""价值创造活动"和"模式"联系在一起，称为"经营模式"。企业靠规模化经营的"模式"挣钱。有关企业挣钱模式的概念非常多，诸如经营模式、业务模式、商业模式和盈利模式等。

在农业经济时代，农民通过辛勤的劳作获取农林牧渔等作物。相对于自销，他们更愿意选择与渠道商合作卖产品挣钱，因为他们很难承担自销相关的物流和运营成本，因此当市场供大于求的时候，他们宁可选择赔钱。在这个时代没有成体系的商业经营模式。

在工业经济时代，出现了大规模的生产者协作与销售模式创新，进而诞生了"企业"，其靠规模化经营的模式挣钱。企业的核心有两个支撑点：一是生产效率，二是市场范围，两者构成互动的结构性关系。生产效率的提高进一步拓宽了市场；依靠市场范围的拓展，反向推动了企业生产效率的提高。企业为了持续盈利，必然持续地通过生产和流通过程，将产品卖给消费者。只要这个过程能够持续，企业的生命就能持续，财富就能积累。

卡尔·马克思将社会再生产循环概括为生产、交换、分配和消费。也就是说，在工业经济时代，企业经营模式，或者说社会财富的创造过程，存在于各个环节，各个环节相互作用、相互制约，构成一个完整的循环过程。任何一个环节的中断或失效，都会影响整个财富创造过程的效能。

在工业经济时代初始阶段出现的福特汽车就是企业规模化经营的典型示例：更大的规模、更大的批量、更短的周期、更低的成本、更低的售价，直至市场垄断。这也是如今还处在工业经济时代的企业发展的目标。

就算互联网带动的科技创新企业横空出世，这些传统企业的经营者看到了其新技术给企业经营带来的效能提升，并愿意随之进行信息化改造，进而达到降本增效、开源增收及可视化监管企业经营状态，但是并没有从根本上认识到相关技术正在给自身企业带来怎样的挑战与威胁。

互联网带来的是企业与用户之间的零距离，它是去中心化、去中介化的，也一定是分布式的。信息是对称的，这种情况下，企业是没有边界的。流水线和科层制在互联网时代都被颠覆了，但直到今天大部分的企业，其管理模式依然停留在流水线加科层制。

海尔在互联网时代创造了一种新的管理模式——"人单合一"。"人"就是员工，"单"并不是狭义的订单，而是用户需求，海尔把员工和用户的需求联系在一起。目前全世界主要的商学院，像哈佛商学院、斯坦福商学院、沃顿商学院以及中国的一些商学院都把它写成教学案例，并且该案例成为最受哈佛商学院师生欢迎的案例之一。因为他们认为"人单合一"是互联网时代下一个典型的商业模式，至少是一个方向。

2018 年，海尔的张瑞敏在一次公开演讲中提到，海尔已经去掉了一万多个中层管理者岗位，并着力将企业打造成一个创业平台，也就是说：海尔不是给员工提供一个工作岗位，而是提供一个创业机会。

海尔正在通过经营模式的改变，将自身变成像德鲁克所说的"每一个人都是自己的 CEO"一样，形成一个人人都有机会成为创业家的创业平台。这时的海尔不再是科层制的，而是一个拥有两千多个小微创业团队的生态平台。

像亚马逊创始人贝佐斯所说的：内部团队应该足够小，两张比萨饼就可以吃饱。因为人员的多少与信息量的多少是成正比的，组织的信息量是组织成员数的平方。也就是说，如果有 8 个人，它的信息量是 64，那么 800 个人的信息量就大到没法控制了。

海尔进行的改变，是将自身的大组变成很小的自组织——一个个的小微企业。现在有很多小微企业已经获得风投，有的小微企业也已经挂牌新三板。海尔对于这些小微企业而言只是它们的股东而不是领导。员工也不是做企业分派的工作，而是可以凭借自身的资源与努力，创造更好的价值和更多的收益。

从海尔的例子我们可以看出，很多处于传统行业的企业正在行动，积极响应新时代的趋势，改变自身企业的经营模式，将企业从过去的标准化、流程化与职级制，逐渐向"产业价值链整合"与"员工活力激发"转变，通过机制的改变激活员工的主观能动性，并更高效地与上下游产业链进行协作与价值创造。

3.3.2　分工与协作模式改变

协作是多方面且广泛的。一个人或一个组织要实现一个目标，大多数时候需要得到外界的支援和配合，都需要协作，一般包括资源、技术、配合、信息等方面。

在农业经济时代，团队协作相对比较简单，不论是耕种、放牧还是贸易，都只要几个人甚至一个人的辛勤劳作即可完成，很多时候目标可以靠个人能力来完成。

在工业革命之前，人类的生产生活以经验指导为主，经验无法标准化，也很难被复制和大规模传播，只有经验变成标准化、流程化、系统化的知识以后，才能革命性地提高整个社会的生产力。知识应用到生产过程之中，能不断优化团队协作下的整个生产流程，企业在实现系统化、工业化的产品生产的同时，新产品不断涌现。

到了工业经济时代，因为参与工作的人员增多，工作变得越发复杂，专业跨度不断变大，就必然要与其他人产生关联，因此产生了业务的边界、利益分配的方法与协作关系的区分。行业和资源的边界相对清晰，企业在一个条块分明的空间寻求立足点，通过不断加强自身的比较优势，更好地满足客户的需求，进而实现企业持续盈利的目标。

创建于 2008 年的韩都衣舍，是基于互联网的多品牌运营集团。

2009 年，韩都衣舍开始组建买手小组，基于互联网工具调整团队协作模式。这样以买手小组制为核心的运营体系，让韩都衣舍在那个平台电商强势的时代，成为独立 B2C 电商的黑马。

韩都衣舍的每个买手小组有 5 个成员，包括运营专员、选款师、商品制作专员、订单管理专员和文员。运营专员即小组组长，主要负责小组商品的运营；选款师即买手，负责款式的搜寻和开发；商品制作专员负责商品的拍摄及页面制作与维护；订单管理专员对接生产部门，负责订单相关的所有流程；文员负责小组里的各项事务性工作，每个买手小组均可独立完成产品的运营。

韩都衣舍设有企划部，负责协调产品部各个部门的产品规划，即公司每年、每季度产品开发的规则，规定上货波段和下市节奏，而后分配到各个产品部，再落实到买手小组。小组成员进入买手小组后，每人的初始资金使用额度为 2 万～ 5 万元，当月小组资金使用额度为上个月销售额的 70%（成立 3 个月以内的小组为 100%，之后逐步递减到 70%）。买手小组负责跟踪诸多韩国品牌的产品动态，从中选出成员认为不错的产品，然后进行样衣采购、试销，再根据试销情况在国内找工厂量产。公司设置最低定价标准，每个买手小组对于产品定价、生产数量、具体款式、促销时机及价格等有充分的自主权，同时也承担相应的库存压力，每个小组都是一个关系紧密的“利益共同体”，从而有效避免资源浪费，提高库存周转率。

小组成员的提成根据各小组的毛利率及库存周转率计算，并由运营专员决定，业绩排名前 3 名的小组奖励特别额度，而连续排名倒数 3 名的小组则会解散，人员重新分组。

表面上看，买手小组各行其是，其本质是一个对内高度竞争的组织形式。韩都衣舍的买手小组结构完整、有充分自主权并需承担相应责任，公司根据排名对每个小组进行奖惩，这些都推动了买手小组积极提升自身竞争力，实现利益最大化，进而使韩都衣舍在众多服装品牌中迅速崛起。

韩都衣舍是服装业最先响应新时代、新工具变化，通过改变团队协作模式获得成功的企业之一。在明确的协作机制之下，企业通过互联网技术的创新应用，提升了人、产品和行业之间的连通性，突破了中心型企业分配资源的边界，更打破了原有行业边界的约束。

随着数字经济时代对于社会影响力的逐步推进，外部环境必然会推动更多的组织调整自身团队的协作模式，针对客户、企业成员和上下游合作伙伴，重构一个按价值创造分配利益的协作系统，为企业、团队和个人寻找到新的生长空间。

从农业经济时代到数字经济时代，个人最早的核心价值是劳动力，之后是技能，最后是拥有的经验储备。时至今日，个人的劳动力逐步被机器人、人工智能所取代，过往基于时间累积的工作经验和技能所应获得的报酬，成为企业选择数字化设备的催化剂，让个人成为被企业"优化"的理由。

在全新变革的商业环境中，信息的连通实现了各协作之间更高效的互通、互联，各类组织同处在一个庞大的空间中进行价值创造、价值获取的博弈，身处网络环境中的每个主体都要不断调整自身，以适应不断发生的变化。

工业经济时代的协作主要讲分工，而在数字经济时代的背景下，企业协作从"管控"走向"赋能"，工作场景从命令、要求，走向了"自由"，即在数字化平台上基于规则给予团队成员更自由的发挥空间。

企业正遭遇着严重的挑战，传统的雇佣关系无法满足个体价值，推动着企业经营者不断调整组织内个人的工作模式：比如海尔的"人单合一"模式，腾讯的"活水计划"，华为的"财富与权力的分享计划"等。事实证明，企业经营者用过去 100 年发展起来的企业经营管理理论，已经无法适应个人工作模式的改变，企业只能通过不断地测试、调整，来解答当下出现的新挑战、新问题。

从本质而言，个人工作方式是基于客户价值创造和跨领域价值网的高效合作组织形态而改变的，价值网成员实现了互为主体、资源共通、价值共创、利润共享，进而创造了单个组织无法实现的高水平发展。

新东方前教师、新精英创始人古典在得到专栏"超级个体"中提到：在这个时代里，只有终身学习、终身接受成长的人，才能适应这个变化超快的世界。

工业经济时代，人们依靠组织，认为集体的力量永远大于个人的努力。渴望过上吃"大锅饭"、统一着装、统一上下班的安稳日子。随着互联网技术的应用，越来越多的人发现利用自有的专长和能力，可以生活得很好且更自由。

数字经济时代，人们已经开始习惯将自己打造成"超级个体"，通过互联网在任何地点、任何时间进行工作，通过开放数字化平台的赋能，与更多业务发生连接，更跨界地去创造价值，获得与价值相同的收益。越来越多的个体正在形成"个人品牌"。罗永浩因为锤子手机创业失败负债 6 亿元，却通过数字化平台在短短 3 年内还清了大部分债务。

在互联网越发透明、高效的当下，越来越多有能力的"超级个体"正在通过互联网改变原有的个人工作模式，通过在线化、网络化和智能化的加持，将自身的品牌与业务的需求快速搭建合作。个人工作模式的改变，是互联网技术创新应用下带来的全新商业模式的必然结果。技术给了每个"超级个体"机会，也给传统企业在人才、资源、能力保留与激活方面带来巨大的挑战，是企业想要活下去乃至进一步发展必须解决的问题。相关解决方案我们会在第 8 章组织再造中进行阐述。

农业经济时代，人们围绕着农林牧渔开展协作，目的仅是吃得饱、活下去；工业经济时代，企业实现了规模化经营，通过高效的协作与良好的权利分配，让人们不仅吃得更好，生活的品质也在日益提高。到了当前的数字经济时代，我们看到很多大型企业都在做一件事：赋权合能。基于业务场景下关键权益的变化，推动企业将原本的"命令、权利"转变为"成长的机会、发挥创意、与时代同步"的经营手段。

当前每一个企业都已经认识到新的外部颠覆已经来临。克服这项挑战的关键，在于企业经营者能否认同并接受用员工、上下游渠道、客户构建基于价值创造的跨领域价值网，形成一种全新的组织形态。网络中的成员实现了互为主体、资源共通、价值共创、利润共享，进而实现单个主体无法实现的高水平发展。可以说新技术应用推广下的商业模式的改变，带来了更多赋权合能机制的可能性。

3.3.3 员工招募效能提升

目前，每年国内约有 2.8 亿人次工作变动，自主招聘、内部推荐和外部招聘服务是三种主流的找工作方式，其中大约有 1 亿人次通过外部招聘服务实现。我国企业的人力资源外部招聘服务大体分成两部分，一个是猎头，另一个是 RPO。

猎头即高级人才寻访，是专门为客户搜寻所需要的各类高级人才的行业，一年在国内的市场规模约有 800 亿元。RPO 也叫招聘流程外包，在这种服务中，企业将内部招聘的整个流程，从确定职位描述直至候选人报到的所有环节都外包出去，接受"起点到终点"的一站式服务，主要针对中层、基础岗位，在国内一年约有 3000 亿元的市场规模。

外部招聘服务业务涉及的人员范围极广，上到中高端的技术专业人才，如研发工程师，设备运维工程师等，下到呼叫中心一线人员、车间工人、餐厅服务员、房地产中介等职位。

企业 RPO 的市场庞大的原因，一方面是因为"灰领"人才用工的需求数量大，另一方面是因为中国的劳动力比例变化明显。未来，企业基础岗位的供需关系中，岗位多而从业人员少的趋势将日益凸显。

正是基于人力资源领域发生的这种变化，企业一线的大规模用工岗位的招聘需求和灵活用工需求持久而稳定，用工需求量大，但很难快速招聘到合适的人。

1. 识别企业招聘流程外包的时代机遇

在整个商业环境和人才供需关系发生深刻变化的大背景下，面向企业提供招聘和求职服务的方式和阵地不断转移，由最初的依靠纸媒获取职位信息的低效阶段，到通过传统互联网招聘网站找工作的平台信息分发提效阶段，再到移动互联网的直聊招聘时代，现在进一步发展为微信生态下的基于熟人社交的私域流量招聘和求职，以及以抖音、快手为代表的基于直播和短视频的候选人流量获取，发展过程如图 3-5 所示。

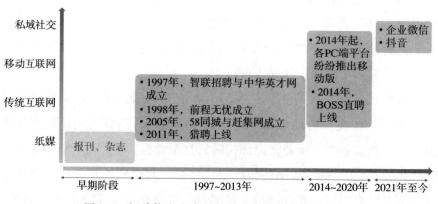

图 3-5　招聘信息发布随着技术的革新逐渐多样化

招聘流程外包服务行业因为利润有限，因此企业普遍数字化能力较低，大体分为纯手工、信息化早期和 RPO 数字化三个阶段，如图 3-6 所示。

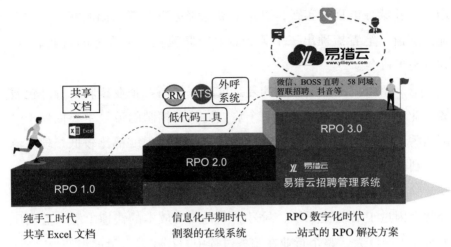

图 3-6 企业招聘外包服务行业数字化的三个阶段

RPO 1.0 阶段：企业招聘流程外包服务相关企业普遍采用表格收集信息、共享文档，或者直接由业务人员个人加微信，通过微信群的方式来做信息的汇总和业务流的传递。2022 年，行业内 85% 以上的企业依然处在这个阶段。

RPO 2.0 阶段：行业内部分积极求变的企业尝试使用多个不同的系统，如 CRM、外呼系统，甚至是低代码工具等拼凑出来一个勉强能用的系统，初步建立了自己的人才库，构建企业的初步数据资产，以便未来有更好的发展。但因为经费和精力有限，采购或者开发的系统之间相互独立、无法互通，给招聘顾问带来了极大的工作负担。

RPO 3.0 阶段：基于对人力资源技术和招聘业务的长期实践和洞察，易猎云团队通过长期的技术投入和产品迭代，基于行业内具体的业务场景，实现了专业流量和社交流量的统一整合，用户可以一键进入平台数据库，查看已处理为标准格式的简历和信息，这大大方便了后续的信息推荐以及搜索。

易猎云的创始人吴业强在互联网招聘、人力资源服务外包、灵活用工等领域有丰富的实践，对人力资源服务行业有深刻洞察。通过与他的交流，笔者梳理出三个关于企业招聘流程外包服务的行业痛点，并发现了机会。

（1）招聘流量获取难度和复杂度越来越高。企业招聘流程外包服务行业普遍存在的特别大的一个痛点，就是招聘的流量主要依赖于外部招聘平台的采购，对私域流量的运营和重视程度都比较低。现在流量红利已经殆尽，整个招聘平台的流量采购成本是快速上涨的。

除了成本的快速上涨，合规性也面临着压力，比如企业招聘用号经常会因过于活跃被下线、封号。同时因为成本的快速上涨，盈利压力也变得很巨大，整个行业在服务过程中，存在着大量的浪费。

（2）多平台信息难打通，求职者交互体验差。很多企业在招聘基础岗位的过程中，招聘链条极长：从候选人简历获取，到候选人沟通，包括整个招聘过程的跟进，招聘顾问需要在多个平台和系统间进行切换，各平台之间信息不互通，造成招聘顾问工作效率低下，做大量重复性的、低价值工作，工作体验不好，客户流失率高。

同时，候选人来源分散，无法做到专属运营，求职者体验不好。这也是从在线直聊招聘平台到微信生态下的私域流量，再到以抖音、快手为代表的基于直播和短视频的流量的行业变化过程中，面向企业提供招聘流程外包服务的机构，无法建立统一的专属人才库和可复用人才库的根本原因。

（3）招聘过程无法有效实现关键行为监管。当前，企业招聘流程外包服务行业拥有大量年营收300万元左右的中小型企业，这些企业作业方式原始而低效，大部分企业仍停留在发送Excel或共享云文档的手工作业阶段。同时，多平台之间的切换，也无法实现招聘链条上关键行为的有效跟进与服务品质监管，团队也很难就业务人员在服务过程中的关键行为进行支持，造成招聘效率无法有效提升，如图3-7所示。

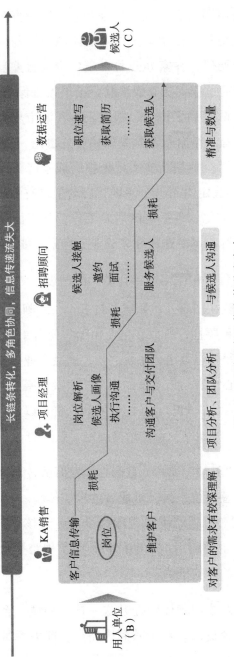

图 3-7　招聘链条上信息传递流失大

（4）远程办公协同的新挑战。当今企业的远程办公成为常态。办公方式异地化、网络化，使招聘工作开展团队协同与人效提升更是难上加难。据易猎云调研，在家办公的 B 端负责人普遍反馈招聘效率急剧下降，员工招聘的过程无法有效跟踪，结果无法保障。

易猎云创始团队看到了机会，国内人力资源市场有更大的空间可以挖掘和深耕。易猎云结合行业领先的招聘方法论，以技术赋能效率，帮助更多中小微招聘企业切切实实地把招聘成本降下来、把效率提上去，所以在 2018 年决定进军这个领域，启动了自有知识产权的企业招聘流程外包服务数字化软件系统的研发工作，基于团队对于企业招聘流程外包的深度理解，不断迭代和完成业务场景功能。

2. 企业招聘流程外包服务数字化能力的建设

易猎云创始团队在招聘外包领域深耕多年，深刻感受到了数字化对于行业赋能再造的重要性，所以在创业伊始，便着手布局数字化建设。在构建企业招聘流程外包数字化系统之初，产品和业务团队曾提出：该系统应该以谁为中心？谁是该系统的用户？该系统服务于哪些主体？关于这些问题，易猎云负责招聘业务的各团队负责人以及产品研发的负责人曾有过多次深入、激烈的交流，最终确定了系统的"两个核心"：

- 以候选人（"灰领"人才）为核心开发面试各节点、全流程的保温服务和标签系统，提升求职者的求职体验。
- 以招聘顾问（招聘流程外包服务企业）为核心开发招聘助手、求职助手和企微助手，帮助招聘顾问实现跨平台实时沟通，提高对候选人的响应能力。

关于"灰领"人才招聘体验提升这一核心领域，企业最关心的问题是候选人是否适合自己，对于其简历亮点、能力标签乃至综合能力评估，都有着一定的要求。而符合企业要求的候选人，是否能够高效地认可企业，其中的关键点则在于提升候选人的体验上。

易猎云基于团队丰富的行业经验，擅长为相关核心领域构建解决方案。这里，我们重点描述针对招聘顾问（整个系统最重要的使用者）的系统设计思考。

招聘顾问工作环节流程长，很多环节枯燥、重复和乏味。同时，招聘顾问需要在不同的软件工具和系统平台之间切换和跳转，比如在线招聘平台、微信、外呼系统、短信平台等，这让招聘顾问的工作体验非常不好，大量的招聘顾问工作一定时间后会因工作枯燥、价值低、成长空间有限而选择离职。这让招聘流程外包服务行业形成了这样一种观点：招聘顾问这个岗位可能只适合刚毕业的新人，做 1 年之后这些新人要么升职，要么可能就要离职了。

因此，易猎云产品团队对优秀的招聘顾问进行了深度访谈，并连续观察他们每天的工作行为，以及一个招聘项目从开始到交付的过程，发现里面有大量的、机械性的、简单的、重复的工作其实是完全可以用技术来代替的。同时，跨平台之间的打通和连接也可以通过技术手段解决。

易猎云在设计企业招聘流程外包数字化系统过程中，确认了一个非常重要的理念，即该系统应该帮助招聘顾问从大量烦琐、低价值的工作中解脱出来，使他们更专注于做一些建设性的、有挑战性的工作上，比如和候选人建立信任、研究每一个项目的特点等，这样的工作才能帮助招聘顾问真正地成长，也能为企业创造更多价值。所以在系统的设计上，易猎云特别突出了"连接"和"提效"这两个重要的属性。

对于从事企业招聘流程外包服务行业的机构来说，易猎云招聘管理系统能够帮助企业建设一整套提高招聘效率的生产系统和全流程工作平台，也是企业价值创造中重要的生产工具。

企业需要简单、有效提升生产力的数字化工具。除了能够改善候选人和雇主的工作流体验，更是帮助企业在技术、岗位、人才库与团队业务人员在"连接""私域""提效"的三大能力建设。

（1）连接。易猎云充分连接和打通不同系统和平台，包括在线招聘平台、短视频社交平台、工作社交平台、微信、外呼系统、短信平台等，彻底实现招聘业务流在平台上的全连接和数字化，实现企业和候选人微信、简历匹配，即能通过候选人微信找到候选人在平台上的简历，反之亦然，如图3-8所示。

（2）私域。易猎云把基于不同平台的公域流量，包括短视频流量、招聘网站流量、线下流量等，转化为从事招聘流程外包机构的私域流量，通过个人微信或者企业微信，基于熟人社交的信任关系，在微信生态里面运营，提高匹配效率。

私域运营的具体内容在目前实践中主要包括以下几个部分。

- 职位、简历数字化：招聘系统能够把职位和简历数字化。这里的数字化并非简单地通过OCR方式把一张图片或者一个PDF文件解析成机器语言，更多地还包含职位的解析，以及解析后与一些关键词、关键字匹配起来。

- 私域流量服务生态化：微信生态是私域流量运营的一个非常好的载体。如果想要通过微信的方式更快速、更精准地触达匹配好的候选人，那么招聘管理系统和微信之间就必须要打通。可以建立一个微信群或企业微信社群，这样就会有很多招聘顾问把职位信息放在里面，如果有求职者感兴趣，就可以与招聘顾问私聊。另外，通过企业微信加好友的方式也可以在招聘顾问和求职者之间建立一个点对点的连接，这样能够更有效地传递招聘信息。

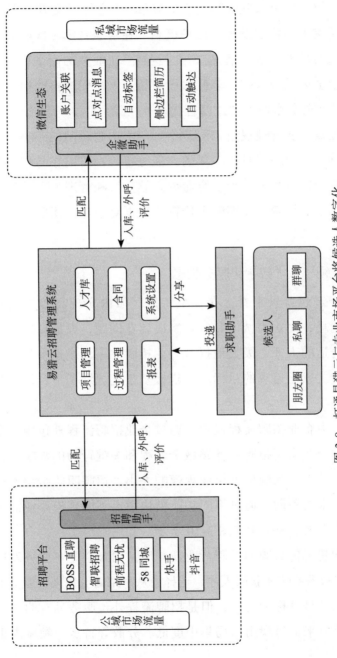

图 3-8　打通易猎云与专业市场平台将候选人数字化

　　同时，为了避免求职者被过多地骚扰，保护个人隐私，易猎云在招聘管理系统中还特别设置了保护机制。在求职者第一次收到某家招聘服务机构的员工发送的信息，并同意到某企业参加面试后，该求职者的信息便会被系统保护，非此次面试相关人员无法再获得该求职者的信息，从而避免求职者被过度打扰。

　　（3）提效。从管理视角来看，小到一个招聘顾问的一小时行为汇总，大到整体组织一个月、一年的效能分析，都可以在易猎云工作平台上实时观测，极大地便利了企业做人效分析和管理（见图3-9）。尤其在居家办公的场景下，实时上传行为数据对于保持团队战斗力作用显著。

　　3.“灰领”人才数字化服务生态

　　从整个宏观背景来看，在一个特定区域内实现高效人岗匹配和最低资源消耗，真正为城市和社会解决就业问题，以最高效率为企业快速找到合适的人才，极大地提升行业招聘效率，才是易猎云团队孜孜不倦、持之以恒追求的目标。易猎云基于此规划了平台发展的长期目标。

　　（1）助力企业招聘流程提效。通过企业招聘流程外包服务数字化系统，帮助企业实现招聘业务领域全流程和关键行为的数字化，提升企业的招聘效率。系统根据企业规模的大小，招聘团队组织架构的不同，管理诉求的不同，通过不同功能模块满足不同规模企业需求。行业全流程数字化系统架构如图3-10所示。

　　（2）构建交付联盟的招聘行业新制度。用人企业在业务发展期因为组织的扩张需要快速获取人才，选择由从事招聘流程外包服务的机构提供招聘服务是其标配之一，但是招聘流程外包服务具有明显的地域属性，一直以来都呈现出市场集中度低、分散等特点，领域内很难有

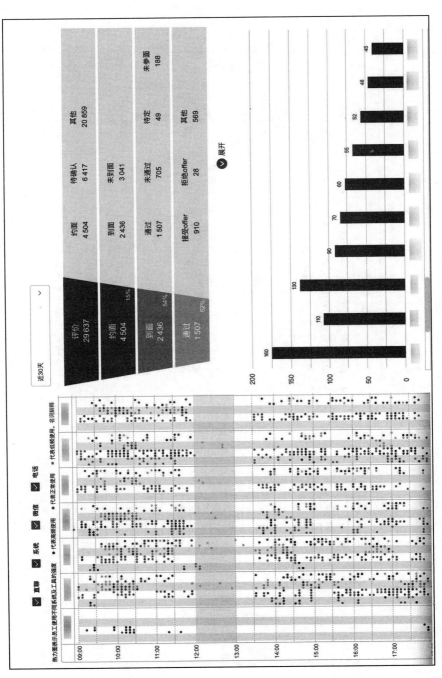

图 3-9 易猎云工作平台将效率可视化

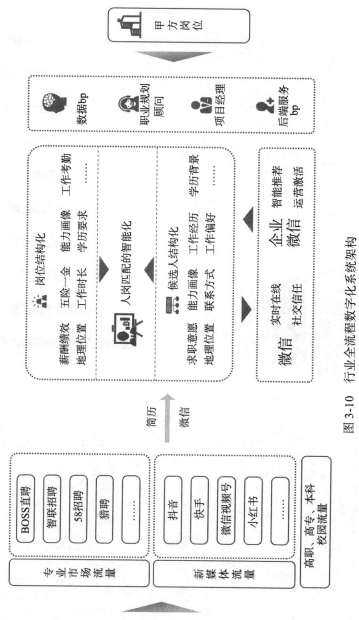

图 3-10　行业全流程数字化系统架构

巨头独占市场份额。用人企业在寻找匹配的服务商时，无法掌握服务商的精准能力画像，不能快速找到能够真正满足其招聘需求的服务商，导致交付跟不上用人企业业务发展的节奏。因此，用人企业的招聘需求往往很难被规模化地高效满足，各家企业的服务商之间也存在着大量的候选人冲突、资源浪费甚至恶性竞争等现象。

因此，易猎云在第一阶段数字化能力和数据库建设的基础之上，将第二阶段的重点集中在构建交付联盟上，按品类和地域为服务商进行画像，通过把招聘和求职中的行为、岗位关键胜任力和候选人画像数字化，将服务商的区域能力和品类能力画像都通过雷达图定义，包括每个月的供给能力、效率、专业度等，从而实现在区域内若干个用人企业的需求职位里，能够精准匹配效率最高的服务商，实现高效的人岗匹配、更低的资源和时间消耗。行业数字化中台服务交付联盟如图 3-11 所示。

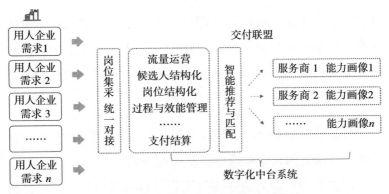

图 3-11　行业数字化中台服务交付联盟

通过构建交付联盟，易猎云一方面能够赋能行业里众多的招聘流程外包服务机构，让它们能够低成本获客，维持其生存和发展；另一方面通过易猎云的招聘数字化系统，让招聘流程外包服务机构能够有效搭建起内部人才库并构建私域运营，从而提升招聘能力，最终能够更好地满足用人企业的需求。

随着易猎云数字化平台入驻了越来越多的招聘流程外包服务机构，易猎云正在逐步构建起招聘行业的四维体系库。

- 用人企业需求库：通过职位解析，能够从整体上更好地对用人企业在 RPO 领域的需求做区域和类型数字化分析，更清晰地理解不同类型用人企业的需求特点，从而在服务用人企业的过程中，进一步提高客户满意度。
- 从业机构能力库：按地域和品类对 RPO 企业进行能力画像，并可根据其能力对 RPO 进行等级评估。
- 招聘团队能力库：能够帮助 RPO 企业更好地了解其招聘团队的能力特质。
- 求职者人才库：通过简历解析技术，将求职者关键求职行为数字化，建立并不断完善求职者的能力画像。

（3）构建智能化的行业价值网络生态。易猎云在基于四维体系库构建行业不同维度的数据资产的过程中，也逐步将企业招聘流程外包数字化系统演化成招聘行业智能化生态系统。在下一个阶段，易猎云将重点构建四大能力。

- 交易撮合力：用人企业发需求到平台上，平台根据 RPO 企业能力画像为用人企业推荐匹配的服务商。
- 机构服务力：助力企业招聘流程外包服务机构持续完善流量获取和运营能力，随着机构规模的扩大，企业组织形态和能力建设也会随之发展，易猎云可为行业机构提供不同发展周期的赋能支持。
- 招聘顾问专业力：逐步建立行业的招聘能力标准，持续赋能招聘顾问、项目经理等，为他们提供招聘交付过程中的专业能力支持，提升效能进而带来更多的收益。

- "灰领"人才力：展望未来的企业组织形态，员工在用人企业中将逐渐从打工者的被动角色，转变为积极主动的企业合伙人。

数字经济时代，行业数据的收集、分析及价值释放将产生巨大的价值，易猎云是行业数据中台的开拓者之一。在其他行业，也必然存在着同样的商业机遇，数据中台通过对行业小、散、乱、弱的机构进行有效整合，将相关行业数据、流程、服务通过智能化手段进行效能提升，推动整个行业效能的提升，同时带来巨大的商业价值。

企业想要持续发展，降本增效将是一个永恒不变的目标。

农业经济时代从刀耕火种到利用耕牛和工具，工业经济时代从蒸汽机到电气化设备，数字经济时代利用互联网技术将人、机、料协同，在具体用户需求之上进行更高效的生产，这些都是不断寻求新技术，在具体应用场景之下带来的降本增效结果。

智能化决策在企业降本增效方面的价值越发显著，也是推进企业数字化转型、打造数据资产的主项之一。

第 4 章

产业发展趋势

　　人类社会的发展史就是一部生产力不断跃升的历史，自然世界蕴藏着丰富的资源，这些资源被人类开发，推动人类发展进步。

　　在文明诞生之初，人类学会了取火、掌握了石器制作方法，可以初步利用自然世界的资源壮大自己；农业经济时代，人类培育良田，发展灌溉，种植出农作物，实现温饱，建立了文明；工业经济时代，石油、煤炭、铁等资源的开发，支持着人类社会跨越式发展。伴随着新生产工具、新劳动主体、新生产要素的涌现，人类不断构建起认识、改造世界的新模式，产业经济发展的大趋势如图 4-1 所示。

　　从产业结构来看，改革开放四十多年来，我国产业结构重心逐渐由第一产业（农业）转向第二产业（工业），并正在逐渐转移至第三产业（服务业）。美国在第二次世界大战后第一产业占比逐年下降，第三产业占比迅速上升，经济增长也逐渐进入了依靠商业服务业和社会服务业拉动的模式。2021 年，美国一、二、三产业的 GDP 占比中，第三产业远超第一、第二产业，占比超过 80%，第二产业仅占 17.9%，第一产业仅占 1.0%，如图 4-2 所示。

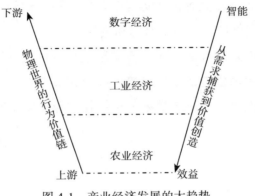

图 4-1 产业经济发展的大趋势

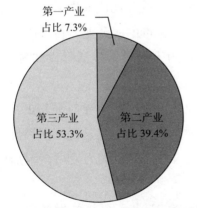

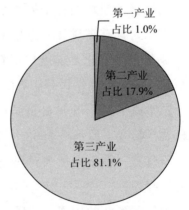

中国 2021 年一、二、三产业占 GDP 的比例
资料来源：国家统计局。

美国 2021 年一、二、三产业占 GDP 的比例
资料来源：世界银行。

图 4-2 中美产业结构对比

2021 年中美两国的 GDP 构成中，中国一、二、三产业的 GDP 占比分别为 7.3%、39.4%、53.3%。可以看出，尽管第三产业是我国目前 GDP 构成中的重心，第二产业的贡献依旧显著。

我国实行公有制为主体、多种所有制经济共同发展的基本经济制度。可持续发展战略不仅仅是中国政府对于国家治理的承诺，更是中国企业寻求长期存续的基础，这就要求企业摒弃股东权益最大化的固有思维，融合利益相关者，在实现企业价值最大化的过程中，为社会中的每个人更美好的生活做出努力和贡献。

本章通过阐述现代服务业、智能制造与乡村振兴等产业发展过程中，相关经济价值创造的发展趋势，以及相关产业正在进行的产业改造与价值升级案例，给读者带来关于所在产业未来不断发展下自身企业发展思路的参考。

4.1　现代服务

现代服务业是相对于传统服务业而言，适合现代人生活与环境发展的需求，具有高科技、高品质与高文化含量的服务业。传统服务业在工业化、城市化之前就广泛存在，是为人们日常生活提供如餐饮、住宿、旅游、产品销售等服务的行业。

21世纪以来，全球经济结构由工业化、规模化主导向服务化、个性化主导转变。特别是2008年全球金融危机以来，发达国家把握住国际竞争优势，在不断加大对科技创新投入的同时，大力发展高附加值的现代服务业。

现代服务业的发展，本质上来自社会的进步、经济的发展和社会专业化分工需求，在这过程中，创新的经营管理模式和服务、人们的消费习惯、市场成熟度、政府监管等都会影响现代服务业的发展。但是科学技术，特别是信息化技术对现代服务业的发展起到了极为重要的作用。

根据《关于印发现代服务业科技发展十二五专项规划的通知》（国科发计〔2012〕70号），现代服务业是以现代科学技术特别是信息网络技术为主要支撑，建立在新的商业模式、服务方式和管理方法基础上的服务产业。它既包括随着技术发展而产生的新兴服务业态，也包括运用现代技术对传统服务业的改造和提升。

2012～2021 年，我国服务业增加值从 244 856 亿元增加到 609 680 亿元，服务业增加值占国内生产总值的比重也从 2012 年的 45.5% 到 2021 年的 53.3%，可谓占据中国经济的半壁江山。面对复杂严峻的外部环境，服务业展现出强大的韧性，成为国内经济平稳运行的有力保障。

现代服务业往往被划分为基础性服务业、生产性服务业、消费性服务业和公共性服务业四大类。其中，基础性服务业包括通信服务和信息服务，下文不进行展开；与国家经济增长密切相关的就是生产性服务业，包括金融、知识服务等；与人们生活以及和谐社会相关的就是消费性服务业，如餐饮、旅游等；公共性服务业则包括电子政务、医疗、教育等。

4.1.1 生产性服务业

生产性服务业，简单地说就是为商品或服务的生产过程提供服务的服务业。

生产性服务业主要包括研发设计与其他技术服务，货物运输、仓储和邮政快递服务，信息服务，金融服务，节能与环保服务，生产性租赁服务，商务服务，人力资源管理与培训服务，批发经纪代理服务，生产性支持服务等。

在我国，生产性服务业的一个重要特点是主要作用于制造业，对制造业的效率提升具有较大的促进作用。⊖制造业的发展，对生产性服

⊖ 程大中 . 中国生产性服务业的水平、结构及影响：基于投入—产出法的国际比较研究 [J]. 经济研究 ,2008(1):76-88.

务业提出了更高的要求，这里可以看出生产性服务业与制造业紧密的
关联性。这里引用"微笑曲线"框架理论描述生产性服务业为制造业
附加值提供的价值，如图 4-3 所示。

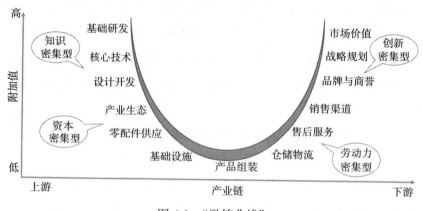

图 4-3　"微笑曲线"

"微笑曲线"是 1992 年由有"台湾 IT 教父"之称的宏碁集团创始
人施振荣为了"再造宏碁"提出的著名商业理论。微笑时的嘴型是一
条曲线，两端朝上，在产业链中，附加值更多体现在两端，也就是设
计和销售，处于中间环节的制造附加值最低。

随着我国高科技在各产业中的蓬勃发展与应用，我国已经成为全
世界唯一拥有全部工业门类的国家。我国的生产制造业，正在从产业
附加值低、竞争能力弱的简单零部件制造和加工组装，或者原料生产
和初加工，向产业链上下游的核心技术开发、品牌与商誉市场价值打
造等高附加值领域切入。

改革开放初期，我国国民生产总值处在微笑曲线附加值的最低端，
通过低廉的劳动力获取收益。随着企业经营者的勤劳和努力，进行大
规模基础设施建设，浙江、苏州、广州等地很多工厂的智能制造设备
领先世界，却受金融业和保险业发展的影响，很难实现资本密集型行

业的效率提升。

　　当前我国的制造业对于整个价值链的分解日益专业化，也造成了对于生产性服务业的需求越来越大。在新技术的推动下，制造业从内部经营，到采购外部服务（或对外提供服务），进行内部生产力价值最优的选择与价值创造。

　　可以说，生产性服务业中的技术创新推动了制造业的发展。制造业内部服务环节的剥离降低了企业的装置成本并有助于企业形成核心竞争力；社会化的专业分工有助于形成规模经济，提高效率。而制造业升级过程中，生产性服务业内含的技术、知识和人力资本发挥着越来越大的作用。[⊖]

　　这种在产业链附加值中的技术创新，越来越频繁地出现在与生产性服务业相关的企业之中。推进新一代信息技术与生产性服务业相互渗透，推动生产性服务业的商业模式创新、业态创新、技术创新，提升生产性服务业的效率与竞争力，也是生产性服务业发展的一个重要方向。^{⊜⊜}

　　党的十九大报告将生产服务体系的部分内容作为经济增长的新动能，报告明确指出，要在"现代供应链、人力资本服务等领域培育新增长点、形成新动能"。生产性服务业作为全球产业竞争的战略制高点，主要是通过生产性服务业与农业生产、工业制造业乃至服务业自身的有机融合，促进经济的服务化来实现的。

　　自 1992 年"波司登"商标被注册开始，波司登就一直走在数字化转型的道路上。

　　⊖　汪德华，江静，夏杰长．生产性服务业与制造业融合对制造业升级的影响：基于北京市与长三角地区的比较分析 [J]．首都经济贸易大学学报，2010(2):15-22.
　　⊜　王建冬，康大臣，刘洋．第四代生产性服务业：概念及实践意义 [J]．中国科学院院刊，2010,25(4):381-388.
　　⊜　任兴洲．产业互联网的发展与创新 [J]．中国发展观察，2015(8):58-59.

2010 年，波司登开始导入智能化生产装备，投入近亿元引进国际领先的智能化生产线，提升工人生产效率和生产柔性，为实现供应链快速反应打下了基础。其后，波司登采用"总体规划、分步实施、持续迭代"的方法，推进实施智能制造工厂建设，通过自主开发与对外合作相结合，先后建立了适合企业需求的智能管理系统、智能仓储管理系统、智能供应链管理体系等系统集成平台。

这些自建系统和市场信息实时链接，形成了全面的供应链协同管理体系，这一体系能够实现自主分析、自主决策、自主执行，提供"定制化商品＋内容＋服务"，快速触达消费者，以最快速度响应市场需求，帮助波司登做到库存最优、成本最低。

总裁高德康曾明确指出："面对数字化时代的到来，企业精神的传承、品牌建设及数字化变革的深度发展将是企业可持续发展的核心动力。推进数字化转型战略，打造以消费者为中心的数字化运营能力，是波司登在竞争中取得成功的重要基础，也是我们长期关注的企业发展的核心议题。"

2016 年，波司登借助阿里云的互联网中间件技术，构建了波司登零售云平台，基于中台架构思想，结合波司登的业务特性，建立起波司登零售业务共享服务层，包括全局共享的用户中心、交易中心、库存中心、订单中心，基于共享中台构建上层业务模块，与不同业务项目和业务流程相适应。

同时，依托零售云平台，波司登的 3000 多家门店得以消除"信息孤岛"，从原来各地门店信息不一致、库存各地不统一、会员信息割裂的状态，转变为云平台上数据的全面整合，实现了会员通、零售通、库存通的新零售"三通"格局，为实现生产性服务业基础能力打下坚实的基础。

2020 年，波司登采取了离店销售、无接触服务等灵活模式。借助云计算服务平台，波司登可综合分析线上线下全域会员数据、全域产品数据、全域营销数据、线下门店数据、导购数据、生产数据、物流数据等，从更广泛的维度实现了对商品和消费者的洞察。波司登还不断增加微信、微博、抖音、智能门店等新的消费者触点，引入客户社区、精准营销、直播等新方式、新工具，实现线上线下融合共生。

在物流方面，波司登建设的中央智能配送中心在全国设置了九大库区，以一套物流管理系统管控不同业态、不同货主、不同地点的所有库存，覆盖全国所有线下门店及线上渠道，快速响应市场需求，实现"全国一盘货"。截至 2020 年第一季度，波司登物流自动化程度约为 90%，日均处理能力达到入库 50 万件、出库 50 万件。

2020 年 12 月，波司登数据中台上线，整合了分散在各地仓库与门店的线上线下数据，然后进行结构化梳理，让波司登可基于大数据展开智能营销与按需定制。

依托数据中台，波司登利用数据为商业赋能，真正做到了以消费者为核心重构商业逻辑，为消费者提供更优质的消费服务和场景化体验。以数据为核心，波司登实施供应链数字化创新，打通了前端销售、中端库存和后端生产外包流程，做到了全球服装产业的最高要求：更快、更精准地满足消费者需求。

利用数据中台的四大业务模型，波司登在 1300 家以上的门店实现了精细化的商渠匹配，4 个月首铺准确率提高了 79%。未来，企业还将逐步打造"千店千面"。同时，波司登建立了从"0"到"1"销量预测的自动化体系，准确率达 70%，并且仍在不断迭代提升；调、补货完全实现自动化，拉补效率提升 60%；商品售罄率提升 10%。

对消费者进行精细化运营再按需生产，让波司登成功抓住了年轻消费者，其天猫店的消费人群中"90 后"占比正在不断提升。数据显示，2020～2021 财年波司登品牌天猫平台拥有注册会员超过 476 万人，较上一个财年末增长超过160%，其中30岁以下的年轻消费者占比约为27.4%，较上一个财年有明显增长。会员复购销售金额占线下总销售金额的比重达到了26.9%。

波司登的实践证明，将数字技术与传统制造业深度融合，可以焕发生产性服务业更深度的价值潜力，撬动场景再造、业务再造、管理再造和服务再造，驱动品牌活力全面迸发，释放了消费互联网与产业互联网双网融合带来的能量，也帮助其建立了领先全球竞争对手的优势，为我国大量的制造企业提供了生产性服务业领域数字化转型的范例。

由此可见，生产性服务业的发展必然要与工业智能制造、农业乡村振兴深度融合发展，以产业形态、商业模式和组织方式的创新提供新的路径。通过数字化能力构建相关数据资产，以创新的视角增强生产性服务业与智能制造、乡村振兴在更高水平上的融合，为全球消费者日趋旺盛的采购需求提供最佳解决方案。

4.1.2　消费性服务业

消费性服务行业是《中华人民共和国国民经济和社会发展第十一个五年规划纲要》中强调的概念，主要是适应居民消费结构升级趋势，继续发展主要面向消费者的服务业，扩大短缺服务产品供给，满足多样化的服务需求，范围包括商贸服务业、房地产业、旅游业、市政公用事业、社区服务业、体育产业。

消费性服务业，顾名思义是在物质或精神上满足生活性消费需求的服务业。消费性服务业是直接接触顾客的行业，按主体划分可以分为两类：一类是有形产品服务类，即以餐饮、超市为典型代表的"服务＋产品"类；另一类是无形产品类，即以旅游为典型代表的"服务＋环境"类。⊖

⊖ 周超，孙华伟.基于消费性服务业的价值链分析 [J]. 江苏商论，2007(9):71-73.

消费是生产的最终目的和动力，也是消费者对于享受美好生活最直接的体现。作为直接面向消费者的服务业，其发展不仅有助于提高人民的生活品质，还能够有效提高总体消费额度，有利于社会经济的发展与进步。

随着 2015 年政府工作报告中提到"互联网＋"与"双创"，各行各业通过与互联网技术的融合与创新，为消费性服务业带来了发展的新机遇。在政府的大力支持下，企业的经营者们开始变革服务方式，促进整个产业升级，让互联网行业从早期的以内容为主、服务为辅的服务方式，发展到以传统服务既有业务为基础，为消费者提供更高效率、更好品质的服务，创造出更多的新模式、新业务与新产品。

当然，最早通过互联网推动消费性服务业发展的是电子商务平台，而真正让消费者全员参与的"引爆点"是生活服务领域的去中介化。不论是打车，还是房产和二手车买卖、美容、家政，都在颠覆传统的消费模式。

具有创新革命精神的企业经营者们，正在给传统消费服务业带来巨大的变革。企业正在基于移动互联网终端，面向消费者个性化的需求，提供越来越智能化的服务。这里我们举一个美国服饰买手电商的案例。

Stitch Fix 成立于 2011 年，毕业于哈佛商学院的创始人卡特里娜·雷克在公司 2017 年公开上市时年仅 34 岁，是当年首次上市的公司中最年轻的女性创业者。

年轻的雷克在帕特侬集团担任管理顾问的时候，发现"因为没有充分地利用数据，传统的实体零售商并不能充分地了解客户的需求"。因为具有很好的思辨天赋，加之远大的抱负，雷克立志"成为零售公司的首席执行官，并用科技和创新引领该行业发展"。2009 年，她开展了名为 Rack Habit 的创业项目，项目利用数据和算法为女性提供着装打扮的建议，同时快速搭配靴子。

买衣服的麻烦在于，并不是不存在合适的产品（合身并与个人偏好相匹配的产品），而是大多数人不知道如何轻松快速地找到合适的产品。或者，正如经济学家所言：服装行业的多样性大幅增加了，但是找到各种产品的渠道却并没有被拓宽。

客户需要的是一个聪明的中介，它可以为他们找到合适的商品。这种中介早就存在，它被称为"私人代购"，但是可惜的是，对于大多数人来说私人代购的费用太昂贵了。Rack Habit 的核心业务理念是为消费者提供一个他们能够负担得起的称职的私人代购。

2011 年，卡特里娜·雷克通过这一提议："利用丰富的数据，为消费者在市场上根据服装的偏好做出匹配"，从美国的种子基金公司筹集到 75 万美元投资。获得哈佛商学院工商管理硕士学位后，雷克立即搬到了旧金山，将公司的名字改为 Stitch Fix。她要做的事情可不是小打小闹。2015 年，该公司在第三轮融资中获得了 3 亿美元的估值，《纽约时报》将其列为"独角兽"企业（即估值达到 10 亿美元以上的公司）。

表面上看，Stitch Fix 就像一个传统的线上零售商，但与传统的在线零售商不同是"在任何需要的情况下，客户都可以通过订阅 Stitch Fix 接收大批服装和配饰的搭配解决方案"。客户在注册时要回答一连串关于他们喜欢的衣服类型和自己的体形的问题：公司的算法和造型师会根据这些信息来选择推送哪些物品。公司给客户寄装有 5 件衣服和配饰的包裹，客户为自己选择留下的物品买单，然后把剩下的寄回。

仔细分析我们就会发现，Stitch Fix 更像是服装市场的中介，而不是零售商，这正是卡特里娜·雷克的初衷。每次寄给客户包裹，Stitch Fix 都要收取 20 美元的造型费。当客户决定 5 件衣服中至少保留 2 件时，造型费就会被免除（客户如果保留全部衣服，就会享有额外的折扣）。

公司的成功还有另一个关键因素：人际关系。

Stitch Fix 雇用了数百名个人造型师。这些造型师都是兼职工作，他们在为每位客户挑选商品时，都有最终决定权。他们能够得到 Stitch Fix 的机器学习系统和匹配算法的帮助，获得关于客户偏好的丰富、全面的数据，包括这些客户的个人偏好是如何随着时间改变的。但是最终的决策是由造型师自己做出的，他们甚至在每个包裹中都会放一张便条，提出个性化建议：告诉客户如何将新产品与衣柜里的其他物品进行搭配，或者如何利用配饰让穿搭效果更佳。

这样的便条向客户展示了人与人之间的关爱，同时可以建立并维护客户与造型师之间的关系。这对于留住客户来说非常有帮助：毕竟，要抛弃一个人比抛弃一台机器更难。它也增加了客户提供反馈的可能性。便条制造了社交货币，而大多数客户会选择消费这样的"货币"。

这也许是 Stitch Fix 最重要的成功因素。造型师在风格维度上要比机器更加多样化。擅长风格不同的造型师创造了多个风格迥异的世界，从而使客户和造型师之间形成更好的匹配，进而转化为更高的销售额和满意度。对于 Stitch Fix 来说，能够很好地利用个人的风格与喜好的丰富性，是公司成功的一个重要因素。它使人类变得不可或缺，让大部分客户愿意在采购过程中进行更多的反馈。Stitch Fix 凭借优秀的造型师人才，结合高水平的数据科学分析获得了今天的成功，而公司目前采用的人机交互技术才只是冰山一角。

这一切的前提是公司大量技术投入的支持：运费、营销和技术升级。Stitch Fix 这一阶段有 5700 名员工，其中包括 3400 名造型师和 75 名数据科学家。如今，面对市场的飞速转变，传统零售商和普通电商的反应普遍比较迟缓。Stitch Fix "越定制、越成功"的优势也在越发明显地体现出来。

同时，公司强烈建议客户对他们收到的每一件商品进行评价，只要几个简单易懂的单词即可。在自然语言处理软件的帮助下，公司可以进一步完善客户的个人偏好。此外，Stitch Fix 也在开发自己的服装系列，在设计过程也会再次使用这些偏好数据。

因此，可以说 Stitch Fix 成功的秘诀是"了解海量数据市场，以及数据在客户满意度中扮演的关键角色"。正如公司自己所言："这个'市场'的供需双方都拥有海量数据，这使 Stitch Fix 有机会成为牵线人，将客户与他们喜爱的服饰风格联系到一起（而且客户自己难以找到这种风格）。"

Stitch Fix 把选择与购物进行了拆分，我们可能会看到现实世界中的组织复制这种模式。也许将来，我们会把生活用品的补充任务委托给我们的自适应机器学习系统，而我们自己还会继续享受亲自逛精品店，或者在书店浏览群书的乐趣。

事实上，当我们开始仅仅为了享受购物体验而逛商店，重新发现触摸、观看和做出决定的诱人乐趣时，我们甚至可能愿意为这种特权向那些体验最好的商店支付费用。

在价值互联网时代，新型的零售商可以发展出体验式的环境，客户可以在卖场里浏览商品，也许他们的（虚拟的）个人造型师就在现场。实体店可以作为在线业务的补充，成为客户了解商品的地方，甚至是客户与客户进行愉快社交的场所。客户的目标不是买东西，而是浏览商品，满足自己的感官享受。在这里，消费者注意的不再是价格和折扣信息，因为在这样的环境中价格不是最重要的，重要的是消费体验。

Stitch Fix 通过自身良好的数据获取与数据资产打造能力，良好地完成了商业模式闭环。这个案例是企业在当前国民经济增长与数字化网络信息技术全面发展过程中，居民消费需求从低价到高品质变化一个最佳的示例。

新经济形态和数字化网络技术的发展，使得"云消费""云服务"背景下的消费性服务业涌现出越来越多的新业态，充分释放消费者个性化的需求，使得消费空间可以延展。

4.1.3　公共性服务业

关于公共性服务业的概念，岳经纶（2011）认为公共性服务业是由政府或非营利组织向社会提供的公共设施管理、教育、医疗卫生、保健服务、邮政、社会福利等服务以及其他专业化服务和社会服务。[⊖]

公共性服务市场化规制，是指在社会服务市场化过程中管理公共性服务的权力机关，依据法律规定制定相关的法规、规章及规范性文件，依法对公共性服务市场化竞争中的事业单位、私人企业、非营利组织及个人实行监管、控制、激励的一系列行为，是政府为保证市场化中公共性服务有效供给的重要手段。[⊜]

公共性服务是服务业中的一个重要而特殊的领域。公共性服务既涉及经济问题也涉及社会问题，既有事业性质也有产业性质，既要讲公平也要讲效率。数字化和互联网技术的蓬勃发展不仅对社会经济、企业生产、居民消费产生了变革性的影响，更带来了公共性服务业通过相关技术对服务品质与服务供给效率的价值提升。

我国有若干重要的行业长期以来被称为"社会事业"，这些领域主要由政府财政投入，由政府设立的事业单位提供服务，其服务的内容

⊖ 岳经纶 . 社会服务：从经济保障到服务保障 [M]. 北京：中国社会出版社，2011.

⊜ 王刚，王荣科 . 竞争与规制：市场化视角的社会服务模式重塑 [J]. 安徽大学学报（哲学社会科学版），2013,37(4):135-140.

和规模主要由政府相关部门确定，提供服务的价格也由政府确定。因此这些领域提供服务的能力和水平要同政府财力和工作效率相关联。

随着国民收入水平的提升，人们对教育、卫生、体育等的消费需求也以更快的速度上升，新的需求变化必然驱动投资和生产行为的变化。随着互联网技术的发展和商业模式创新，这些服务在理论和实践层面一直在探索"双赢"途径，许多服务已经可以较好地兼顾激励和公益。这些服务通过技术手段解决现有问题，充分发挥规模经济优势，低成本提供以量换价。

2019 年 12 月，国家七部委联合印发《关于促进"互联网 + 社会服务"发展的意见》(发改高技〔 2019 〕 1903 号)，提出要实现社会服务的"五化"，即数字化、网络化、智能化、多元化和协同化，这为加快社会服务一体化进程提供了新的契机。

"互联网 + 社会服务"的结合点在于，通过传感技术、计算技术、通信技术、数据分析技术和人工智能技术等现代信息技术，依托互联网、数据和云计算，实现社会服务的主体和对象摆脱时间和空间的制约，在大多数时空条件下都能够提供和得到普遍化、多样化的服务，满足实时性、个性化的社会服务需求。

人民对美好生活的向往呼唤社会服务一体化变革。党的十九大报告指出，我国社会主要矛盾已经转化为人民日益增长的美好生活需要和不平衡不充分的发展之间的矛盾。近年来，我国政府职能转变的目标之一是打造服务型政府。当前，我国社会服务资源总量仍显不足，社会服务资源的配置尚未实现全国统筹，尤其是优质资源短缺，城乡、区域、行业、群体之间存在较大差异。由此，构建满足解决当前社会矛盾需要的新型社会服务体系显得尤为必要。

这要求传统的公共性服务业中引入数字化、互联网和大数据技术，构建"传统 + 现代""政府 + 社会"的公共性服务业多维度相融合、协同发展的模式，根据政府、社会及其成员的不同利益诉求，促进物理空间和网络空间的衔接，加快社会服务一体化进程。其中，社会服务的互联网技术旨在通过万物互联实现信息互通和资源均衡配置，打破社会服务资源中区域数据、行业数据和人群数据的壁垒，通过数字化技术加快社会服务业一体化发展。

成立于 2008 年的航天宏图信息技术股份有限公司（简称航天宏图），在 2019 年 7 月成为首批科创板上市企业中唯一的遥感应用企业。其实现了遥感基础软件的国产化替代，为政府、企业、高校以及其他有关社会服务部门提供空间信息应用整体解决方案。

航天宏图基于自有基础软件平台和核心技术，独立承担和参与了一系列国家重大战略工程。服务自然资源、生态环境、应急管理、气象、海洋、水利、农业等多个行业部门，提供系统咨询设计，全流程、全要素遥感信息分析处理，支撑政府机构实施精细化监管和科学决策；服务金融保险、精准农业、能源电力、交通运输等企业用户，提供空天大数据分析和信息服务，还为其他有关部门提供目标自动识别、精确导航定位、环境信息分析等服务。

2020 年 1 月，美国政府将"用于自动分析地理空间图像的软件"列入出口管制范围，这一决定对国内社会服务市场产生了巨大影响。航天宏图凭借 12 年国有自主知识产权的积累，展现出了其国家自有遥感数字化服务的能力与品质，接替美国软件企业继续为我国公共性服务业提供高品质的空间遥感数字化服务。

以农业数字化为例，航天宏图农业农村板块分为政务信息化、智慧农业和数字乡村三大模块，为乡村振兴提供相关服务支持，如图 4-4 所示。

围绕农业领域，航天宏图借助现代信息科技手段构建大数据服务平台，为产业链上相关主体提供即时的信息化服务支持，赋能单品农产品高产、稳产，优化产业布局，推动资源整合、产业延链、产品提质、产业集聚和产业融合发展。航天宏图智慧农业建设框架图如图 4-5 所示。

图 4-4　农业农村板块全景图

产前（生产规划）通过采集农产品市场、种植环境、农产品交易等数据，为企业、农户选种育苗、制订种植计划提供精细化服务，贯穿农田土壤分析、选种推荐、市场销售、农产品价格追踪等多个重要环节，涉及种植知识、投入品等内容，为企业、农户选种、种植提供科学化的建议。

产中（生产过程管理）借助遥感影像、无人机、物联网等手段，对生产资源、环境监测、投入品管理、物候期指导、病虫害预警监测、产量预估上市等进行综合管理。可以针对种植业、渔业和畜牧业的种植或养殖环境的不同，在一些农业信息化基础薄弱的地区推广智慧种植、智慧养殖和智慧渔业。

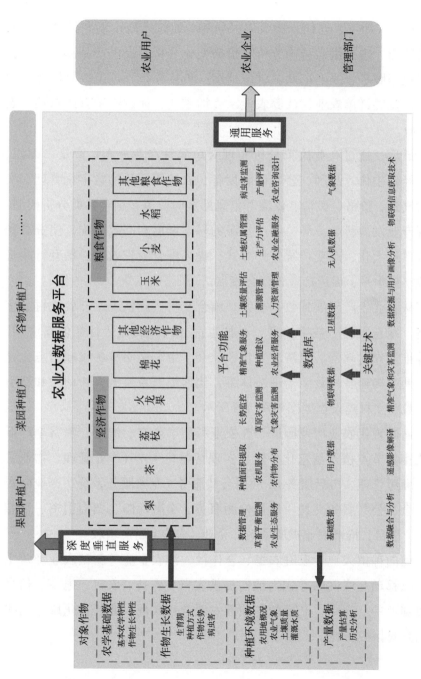

图 4-5　智慧农业建设框架图

　　产后（加工、仓储、物流以及营销）通过产地市场和销地市场的价格监测，进行供需结构分析、价格变化分析；提供产品溯源、物流仓储数据服务、线上电商及供应地图、价格分析、进出口分析等各项服务，发展订单农业、认养农业、直播带货，促进产销有效对接、农民增收。

　　最后，通过产业决策分析实现对单品种产业分布、产量、面积、农业经营主体、品牌、公共设施设备、农机等资源的数字化管理，实现对气象、价格、舆情、供需等信息的实时监测，结合各类分析模型，实现产业发展科学指导、生产资源的科学调度和高效分配，使资源利用效率最大化，改变传统管理方式，提高综合管理效率，提升行政管理数字化水平，促进产业现代化发展。

　　从农业生产延展到数字乡镇，结合乡村实际情况，开展农村数字经济、绿色乡村、数字治理、科技惠民、网络文化等智能创新应用，统筹推进农村政治、经济、文化、社会、生态文明等各领域信息化建设，助力构建乡村数字治理新体系，快速提升乡村振兴新动力和新引擎。数字乡村建设框架图如图 4-6 所示。

　　面向现代农业产业园区，在农业科研、生产、流通、消费全产业链或相关节点植入信息化手段，实现智慧化生产（产业管理、物业管理、溯源管理、售后服务），利用公共服务（专家服务系统、产业园资源整合、公共服务交易、质量检测服务、金融保险、招商引资、智慧农旅）平台，推动农业提质增效、企业（农户）增产增收。

　　面向种植大户、家庭农场、合作社、涉农企业等新型农业经营主体，以移动互联网的方式为他们提供农资、农技、农机、电商、信息等贯穿产前、产中、产后的各项涉农服务，实现农业社会化服务的线上信息对接或交易。

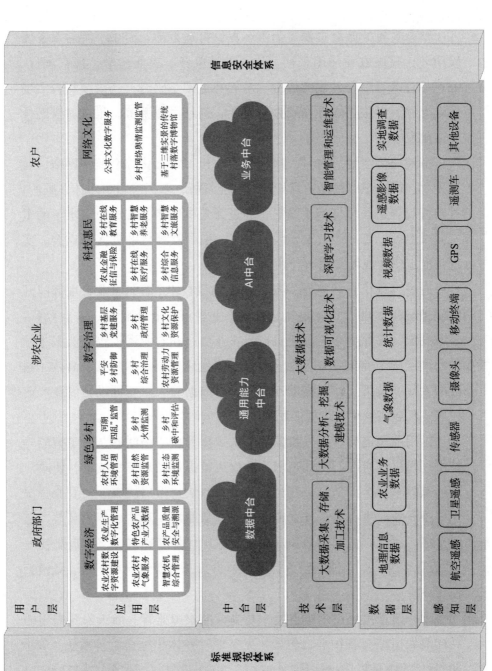

图 4-6　数字乡村建设框架图

整合乡村的旅游资源，为游客提供打造游前、游中、游后服务体验闭环，提供农业休闲采摘、认养种植服务、农业研学、民宿预订、农产品订购等综合的旅游服务。游客通过"一码游"畅游乡村，实现以农促旅、以旅兴农，发展订单农业、创意民俗游等，推进城乡融合一体化发展。

搭建"天空地"农村人居环境立体化、常态化综合监测网络，通过光学、雷达遥感数据的预处理与智能解析，掌握垃圾、水体、厕所、村容村貌等人居环境基本情况；通过无人机监测实现应急需求下的重点区域巡查；通过地面重要区域的实时视频监测与手机 App 结合，实现精准定位和现场实地治理处置。

通过高维信息智能感知与大数据挖掘技术，面向农业管理部门开展涵盖数据管理、农业用地管理、农业生产、农业管理、农业经营、农业气象、农业金融、农业机械、农业生态和农业咨询等社会服务领域的可定制个性化服务，为农业农村现代化发展提供持续、高效、精准的大数据决策支持，借助互联网、大数据与人工智能助力农业产业发展。政务信息化建设框架图如图 4-7 所示。

运用卫星遥感、无人机监测、大数据分析、物联网、人工智能等技术，根据政府部门实际需求为政府决策提供动态信息支撑，使政府能够有效掌握全面信息，科学分析信息，快速做出决策，使农业资源配置更有效，更有利于推动产业发展。从而进一步构建集约高效、监管严格、保护有力的耕地和永久基本农田保护新格局，坚决遏制耕地"非农化"、防止"非粮化"，促进乡村振兴，落实"藏粮于地、藏粮于技"战略。

政务信息化建设的重点之一是高标准农田监管。航天宏图搭建的高标准农田综合管护平台包含"天空地"一体化综合管护系统（Web端）和"田长制"智慧田管 App（移动端），可以为管理人员与种植户

提供节水灌排、智能植保防控、精准气象、防灾减灾、农机调度、人
员资金管理等多种功能，通过网格化管理机制，将永久基本农田保护
任务落实到责任人、责任地块和责任网格。这种可监测、可追溯、可
核查、可管理和可视化的数字技术，保障了数量、质量、生态、效益
的"四位一体"，是实现高标准农田监管的技术支撑。

图 4-7　政务信息化建设框架图

航天宏图还依靠多年的遥感、地理信息系统、数据处理等方面的
技术积累，针对第三次土壤普查开发了土壤普查大数据平台，包括一
库、一中心、一图、N 应用等内容，平台具备土壤数据建库、土壤数
据管理、土壤数据制图等能力，支撑土壤改良、土壤污染治理、种植
规划、精准施肥、土壤碳减排等应用场景，推动后土壤普查时代的相
关业务化应用落地。

同时，航天宏图还以遥感、无人机数据为基础，逐步建成了县级
农村宅基地管理信息平台。这个平台能够搭建农村宅基地数据库，编
制农村宅基地数据台账，绘制、利用现状图，实现农村宅基地申请、
审批、流转、退出等业务全流程数字化管理。平台建设内容包括数据

管理一个库、二维三维一张图、申请审批一条链、监测监管一张网、盘活利用一中心、建房服务一个端。平台全面掌握了试点地区农村宅基地现状，积极推进农村宅基地审批数字化管理，稳步推动农村宅基地分配、使用、流转、纠纷仲裁管理以及违法用地查处等数字化管理，助力农村宅基地改革，做到了"用数据说话、用数据决策、用数据管理、用数据监管、用数据服务"。引入更多有活力的组织进入社会服务领域，是社会服务市场化改革的重要环节，也是满足多层次服务需求的有效途径。航天宏图仅是其中有代表性的一个案例，这个领域还需要更多的组织贡献力量。

4.2　智能制造

　　智能制造是一个"大概念"，是软性的数字化技术与硬性的生产制造技术的深度融合，以智能化、柔性化、网络化和协同化为体现，从传统制造迈向智能制造已成为未来制造业的发展趋势。

　　2022年12月，工业和信息化部等八部门对外公布了《"十四五"智能制造发展规划》，提出推进智能制造的总体路径：立足制造本质，紧扣智能特征，以工艺、装备为核心，以数据为基础，依托制造单元、车间、工厂、供应链等载体，构建虚实融合、知识驱动、动态优化、安全高效、绿色低碳的智能制造系统，推动制造业实现数字化转型、网络化协同、智能化变革。

　　越来越多的国内生产制造企业都热衷于智能制造，而实际情况却是国内大多数生产制造企业还处在部分使用应用软件的阶段，少数企业也只是实现了信息集成（达到数字化工厂的水平），极少数企业能够实现人机的有效交互（达到智慧工厂的水平）。

　　一个工厂通常由多个车间组成，大型企业有多个工厂。数字化工厂是工厂内所有信息的集成，是在虚拟环境中对整个生产过程进行仿真、评估和优化，并进一步扩展到整个产品生命周期的新型生产组织方式。数字化工厂是现代数字制造技术与计算机仿真技术相结合的产物，主要作为产品设计和产品制造之间沟通的桥梁。

智慧工厂的核心在于工厂内人机的有效交互，是在数字化工厂的基础上利用物联网技术和监控技术加强信息管理，通过智能装备、智能生产线、智能车间提高生产过程可控性，减少生产线人工干预，以及合理计划排产。

智慧工厂不但要求生产过程实现自动化、透明化、可视化、精益化，而且产品检测、质量检验和分析、生产物流也应当与制造执行系统实现集成，一个工厂的多个车间之间要实现信息共享、准时配送、协同作业。

智慧工厂的核心是连接，把设备、生产线、工厂、供应商、产品、用户等紧密地连接在一起，使机器、工作部件、系统以及人类通过网络持续地保持数字信息的交流。在智慧工厂中，生产管理人员通过物联网技术采集生产线数据，并基于采集到的实时数据，从生产节拍、计划执行进度、工艺规范、异常监测、质量记录多个维度设定分析指标，从而实现制造过程数字化建模。模型将帮助生产管理人员更加及时准确地实现对制造执行过程的预期管理、风险管控、生产进度管理以及质量管理等。

过往制造企业的产品生产过程是极其简单的串行工程，各个部门之间按顺序进行，每个生产活动完成后再转入下一环节，生产流程长、效率低、成本高。随着越来越多的生产制造企业通过大数据、物联网、人工智能等新一代信息技术将各个生产要素、其他企业、社会连接起来，通过数据的打通聚焦供应链一体化优化、生产运营集成管控、资产全生命周期管理等服务进行有效协同，形成跨地域、多专业、多学科高度融合的业务协同网络，从而降低运营成本，提高产品质量，提高生产效率，缩短产品的生产周期。

对于模具、工艺品等加工精度高、交付周期短、定制水平高的产品，企业一般采用"小作坊式"的单件定制服务模式。企业基于工业互联网平台可统筹建设线上服务中心，同时运营线下消费体验中心，明确用户定制需求，并将需求数据贯穿设计、生产、服务等产品全生命周期，自动生成 3D 打印等先进工艺的代码参数，快速生产出结构复杂、工艺先进、功能完备的定制产品。

下面我们讲一个三一重工的例子。

1994 年创建的三一重工，在过去十余年跌宕起伏的经济浪潮中，其营收市场份额经受着宏观经济的考验。

中国的制造业曾经发展得非常快。而现在，传统的制造业来到了新的转折点、分界点——数字技术与智能制造的红利已经到来。决策层清晰地认识到高速增长与持续盈利是企业的关键点。可是增长与盈利往往天然矛盾，既要规模增长，又要效率提升，唯一的出路就是促进业务增长的同时用信息化与数字化的手段做支撑，关键在于实现从传统制造到智能制造的转型升级。

2012 年，18 号厂房全面投产，配备智能加工、仓储、运输、过程控制系统，以实现产品全流程智能控制为目标。在业务流程变革方面，2013 年三一重工在成立流程信息化总部，建立信息化管理机制，制定"互联网＋工业"的战略规划。2014 年与 SAP 和 IBM 合作，率先上线了 CRM 系统和 PLM 系统。2016 年正式确立数字化和国际化两大战略，2018 年实现所有生产设备、销售设备的互联互通，达成研发、供应商、产销存、销售环节信息化，拥有 CRM（营销信息化）、PLM（研发信息化）、SCM（产销存一体化）、GSP（供应商管理信息化）等数字化平台。随后，三一重工成立智能制造研究院，梳理出智能制造所需要构建的数字化能力、服务模式及相关经营理念，为各个事业部智能研究所与中心赋能。

三一重工下辖的 12 个事业部及各个工厂都要建立数字化转型团队，团队要下沉到一线，推进数字化转型。围绕"一切业务数据化，一切数据业务化"，在日常经营管理方面全面推进数字化、智能化，实现 PLM、CRM、SCM、GSP 的协同运作。

2018 年两会期间，作为全国人大代表的梁稳根公开表示，三一重工的主要任务是要实现数字化转型，成功了就会"翻身"，不成功就会"翻船"。2019 年，三一重工投入近百亿元进行智能制造转型，可谓力度空前。

2019 年，三一重工在数字化战略的布局下将 18 号厂房改造升级为灯塔工厂，进行全方位的数字化、智能化升级。2020 年 4 月，三一重工将 MES 系统升级为智能管理系统（MOM），在生产环节自动化的基础上对接 PLM、WMS 等多套系统，为未来多个灯塔工厂互联做准备，以实现"局部智能"到"全面智能"的大跨越。2020 年 9 月，18号厂房泵车产出量达历史峰值，18 号厂房正式达产，成为行业内首个建成达产的灯塔工厂。灯塔工厂建成后，三一重工主要产品下线时间缩短 98%，节奏加快。

- 泵车：经过 2019 年数字化升级，18 号厂房目前单台泵车下线所需时间已从以往的 2 天缩短至 1 小时，2020 年底已降至 40分钟，整体缩短 98%。
- 挖掘机：江苏昆山和上海临港的挖掘机生产基地，单台挖掘机下线所需时间从以往的 1 天缩短至 5 分钟，缩短 99%。
- 智联重卡：2019 年单台智联重卡下线时间仅需 6 分钟，单条产线日产能为 100 台，产能提高 50%。

　　三一重工基于业务数据化和数据业务化打造数据资产，体外孵化树根互联，通过纯数字化公司获得融资，有效地从市场中以薪资加未来股权的方式获取优秀人才，并补全三一重工之外的智慧工厂相关业务流程、智能制造产品相关的数据。

　　树根互联是工业互联网"独角兽"企业。2021年10月，树根互联连续第3年上榜 Gartner 发布的《全球工业互联网平台魔力象限报告》，同年11月，入选"2021福布斯中国工业互联网企业"，位居榜首。树根互联的工业互联网实力可见一斑。

　　树根互联基于15亿元研发投入打造的"根云"，奉行"制造即服务，数据即价值"的理念，打造面向全工业领域开放的工业互联网赋能平台，具体体现在以下三点：

- 立足工业互联网：基于物联网平台，给制造业企业提供完整的应用方案，创造看得见的价值。
- 专精工业大数据：拥有最专业的工业大数据分析团队，数据服务产品化，提升制造运营的效率。
- 构建云生态系统：携手云商、物联硬件、软件和服务厂商，建立云生态系统。

　　作为"根云"首要服务对象的三一重工，依托"根云"建立了智能服务体系，实现了工程机械全生命周期管理，为客户提供增值服务，实现价值的延伸。"根云"基于智能服务体系，让三一重工实现全球范围内工程设备2小时到现场、24小时完工的服务承诺。类似于微信对于腾讯在移动互联网时代的重要性，"根云"让三一重工跟上了第四次工业革命的步伐。

　　"根云"基于智能制造工厂生产相关产业链的实际需求，对内实现企业数据的大量沉淀，依托工业大数据及工业智能，实现工业 AI 知识的快速迭代；对外实现企业数据与外部数据的交互，与产业链企业、物流服务商、金融机构、客户等相关企业广泛连接，从而衍生出众多创新业务形态，如图 4-8 所示。

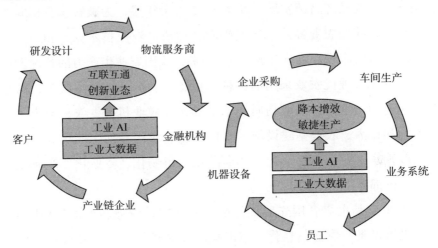

图 4-8 工业互联网衍生出众多创新业态

资料来源：三一战略研究院。

工业互联网平台的赋能，即为制造厂商、金融机构、行业运营商、设备服务商、政府及公众产业提供端到端的工业互联网平台服务。目前，"根云"覆盖了 30 多个细分行业，积累了近百个企业的应用案例，为包括农用机械、煤矿行业、医疗器械、数控机床、融资租赁等跨行业赋能。"根云"赋予各个传统行业新的发展动能，推动行业创新发展。"根云"已经接入高价值设备超过 30 万台，接入资产规模超千亿元。

从三一重工到树根互联的发展，可以清晰地看出企业推进智能制造是一个长期的过程，需要企业本着务实的态度，先考虑智能制造相关系统的实用性，再思考采购系统的先进性。相关的制造企业既要建设好自身的专业团队，又要适时地引入专业团队，才能内部达到智能制造的降本增效、开源创新，外部实现数据资产的新业务获益。

4.3　乡村振兴

不同的时代会赋予人不同的使命。中华人民共和国成立以来，农业经济、工业经济高速发展。20世纪二三十年代，为破解积贫积弱的农村状况，我国农业经济学研究兴起，形成"农业技术派"和"土地分配派"两大体系。改革开放40多年来，我国农业生产力的状况发生了显著变化，现代农业采用的良种、化肥、农药、塑料薄膜等，已经在较大范围内推广；农业物质技术基础，如农业机械、农村电力、农田水利和排灌、农业基建设施、农村道路、农产品加工储藏等都有了较大改善；农业生产社会化，如商品化、市场化、专业化、产业化经营等，也都有了明显的提升。

20世纪是世界各国先后从传统农业向现代农业转变的历史时期，基于机械设备与农业信息化、智能化的发展规律，逐步实现农业现代化，是富强的必经之路，也是农民富裕的必经之路。

中国利用7%的世界耕地养活了近20%的全球人口，取得了令世界瞩目的减贫成果，足以改写世界农业经济学的版图，为类似发展约束条件下的发展中国家提供经济学方案。过去几十年欧美的经验表明，传统的以政策研究为重心的农业经济学科正在逐渐萎缩，新型的以企业研究为重心的农业经济学科正在蓬勃兴起。通过新技术、新模式改善农村民生，实现产量提升的目标，要求中国农业必须赶上世界最先进的经营理念，而数字化技术更加有效和广泛地应用于农业，能够积极推动这一进程。

中共中央、国务院连续发布中央一号文件，对新发展阶段优先发展农业农村、全面推进乡村振兴做出总体部署，为做好当前和今后一个时期的"三农"工作指明了方向。

随着国家全面实施乡村振兴战略，开展促进乡村产业振兴、人才振兴等活动，越来越多的年轻人开始从大城市返回自己的家乡创业，成为"新农人"。以电商为代表的数字化服务向乡村下沉，带来了城乡双向消费交流的互动。这些"新农人"不仅为农村经济发展注入了新动力，还为乡村振兴贡献了自己的一份力量。

2019 年，农业农村部进行了全国农村集体家底统计，我国广大的农村地区拥有 5695 个乡镇，60.2 万个村落，集体土地总面积 65.5 亿亩，占拥有 144 亿亩全国土地总面积的 45%。2021 年 5 月 11 日，第七次全国人口普查的主要数据公布，居住在乡村的人口总数为 50 979 万，占全国总人口的 36.11%。

国家统计局的数据显示，2020 年我国的国内生产总值是 101.6 万亿元，其中第一产业增加值约 7.8 万亿元，占比仅为 7.7%。这些数据说明，乡村是我国实现共同富裕的主战场。2021 年 6 月 1 日起施行的《乡村振兴促进法》指出，要推进数字乡村建设，培育新产业、新业态、新模式和新型农业经营主体。

2022 年 2 月 22 日发布的中央一号文件强调要推动农村一、二、三产业融合发展。那么三产如何融合发展？当代著名"三农"问题专家温铁军教授在 2021 年出版的《从农业 1.0 到农业 4.0：生态转型与农业可持续》提到：

- 农业 1.0 是规模化经营下产生价值，通过大农场、大投入、大消耗方式获得粮食产出。

- 农业 2.0，又叫"农业二产化"，是把农业和现代工商业结合起来，实现农业产业化经营。比如鼓励发展农产品加工业，鼓励各种科技企业下乡养猪、养鸡，等等。

- 农业 3.0，又叫"农业三产化"，是把农业和现代服务业结合起来，开展生态农业、景观农业、养生农业，发展休闲旅游、乡村民宿，吸引城市居民到乡下来居住、消费。

- 农业 4.0，就是在农业 3.0 的基础上加上互联网相关的数字化技术，实现真正的"社会化生态农业"。

这里我们引用这本书中最后一句话解读历年来为什么中央一号文件都提到了农业："乡村携带着中华文明的基因，隐藏着中国文明演化的原动力，乡村兴则中国兴。"

我们通过文献分析和实地调研的研究方法，总结出新技术赋能农村经济过程中，技术赋能农业、农村业务经营的三种典型模式，我们将针对这些典型模型的特征和具体案例进行分析，如图 4-9 所示。

4.3.1　农业价值链模式

农业价值链模式是指在农业生产、农村生活消费生活过程中，通过移动互联网、物联网、大数据等技术实现信息、实物和资金的流通过程的"在线化"和"数据化"，基于数据分析，对原有供应链（如"供研产销"）组织方式进行重构，并在此基础上衍生系列增值服务，从而提升涉农供应链运转效率。

该模式的核心价值是，通过对农产品生产、加工、流通等过程的信息进行采集、分析，帮助供应链管理者决策，使供应链各环节分工清晰、衔接顺畅，最大化地提升产能，降低风险和交易成本，提高农业生产经营、农产品加工效率，刺激农村消费，如图 4-10 所示。

为了应用农业价值链模式，需要在整个农业生产过程中的各个可能的环节，投入相应的软硬件设备，整个生产、加工、运输、配送等环节都通过移动互联网、物联网等形式采集信息并上传数据库，通过软件系统、算法模型，针对农业生产、农村消费生活进行相关数据处理，并在相关系统中使用图标、列表、图形等展示给人们，帮助进行决策判断。

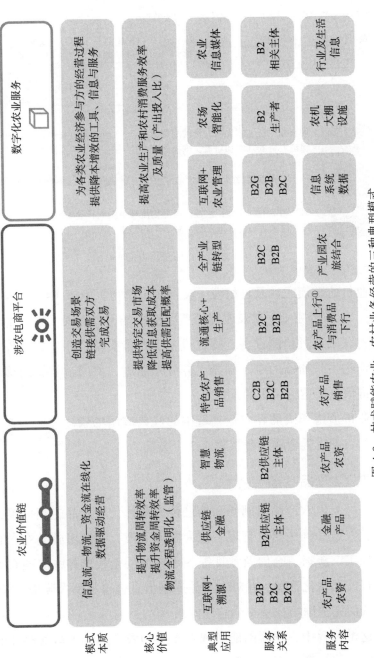

图 4-9　技术赋能农业、农村业务经营的三种典型模式

① 农产品上行，是指利用互联网技术把农产品从农村生产地销售到全国各地，特别是城市（镇）市场。

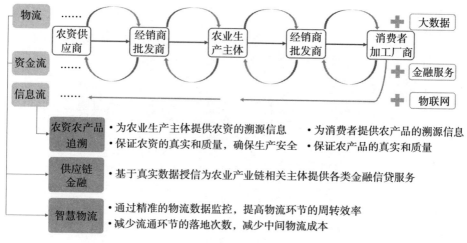

图 4-10　农业价值链模式原理图

农业价值链模式涉及种植业（农业大田作物、经济作物）、养殖业（畜牧业、水产养殖业）以及农村消费生活中的方方面面。以经济作物为例，物联网通过检测设备、感应设备、摄像头配合相应的软件，控制经济作物生长所需的水、阳光、养分及温度，并通过相关的移动互联软件将信息传达给相应的人员。

农业价值链模式的在农业领域中的经典应用场景，包括了农资农产品追溯、供应链金融和智慧物流 3 个方向。

1. 农资农产品追溯

这一场景以农产品追溯码为信息传递载体、农产品追溯标签为表现形式、农产品溯源信息管理系统为服务手段，实现对各类农产品的种植、加工、流通、仓储及零售等各个环节的全程监控，实现农产品生产全程的网络化管理，并对农产品追溯信息进行整理、分析、评估、预警，从而完善国家食品安全监管体系。

在这个过程中，物联网能实现对农资和农产品线下流通路径的追溯和控制；大数据分析及可视化技术可实现对溯源数据的整合与分析，帮助有关部门快速锁定特定农资或农产品在流通过程中的问题节点，及时采取相应管理措施。

在调研的过程中，我们看到了通过数字化技术构建的农业生产资料溯源管理体系，通过采集并记录农业生产资料的生产、流通、使用等环节信息，实现来源可查、去向可追、责任可究，强化全过程质量安全管理，应用风险控制的有效措施。厂商、流通企业和门店的多方信息流得以贯通，并实现一物一码，农资产、销、存线上化，达到农资流通的全程可追溯、可监管的目的。

对农资生产企业来说，通过进行生产资料溯源管理，向用户展示农资产、销、存全过程，利于建立用户认同感，进而扩大市场。对政府来说，要求相关企业对生产全过程进行监控、监管，可以保证生产资料安全性；对比农资销售量和使用量，可以监督农资使用情况，从源头杜绝有害农资的侵入，为农资打假提供很好的帮助与支撑。

重庆市农业生产资料（集团）有限公司（简称重庆农资）使用的爱农资系统由安徽阡陌网络科技有限公司（简称阡陌科技）自主研发，是由中科院、中华全国供销合作总社合作推进的农资物联网项目的重要组成部分，主要针对国内农资领域亟待解决的质量安全、物流体系滞后、农户缺乏知识指导等问题，试图通过物联网、云计算等技术打造国内农资经营新模式，包括商品质量溯源、智能调度以及知识服务等。

为了更好地落实农资打假、推广安全农资，重庆农资从 2016 年 10 月开始对爱农资系统进行内测。作为阡陌科技为重庆农资量身定制的农资追溯管理系统，爱农资从源头出发，杜绝假农资流向市场坑农害农。通过爱农资的农资质量溯源系统，用户可以清晰地查询到生产厂家，并通过系统咨询厂家；用户可以通过爱农资上的农资网点电子地图系统，按图索骥，就近选择正规农资销售点，确保通过系统购买的农资质量有保障，责任可追究。

为了实现农资全程可追溯，阡陌科技为每一件农资定制了二维码，通过该二维码可以进行农资质量追溯，并且具备防伪验证功能。通过一物一码的方式，让农资从源头到最终使用都能够实现过程追溯。同时，爱农资还提供专业的农资服务，链接政府补贴，不断引导新型农业经营主体通过正规渠道购买、科学使用农资。如在芜湖市南陵县实施的绿色水稻补贴项目，只要按照要求在系统内购买指定的农资，进行科学作业，每亩田就可以享受 10～45 元的补贴。此外，爱农资引入政府监督系统，建立"黑白榜单"，信誉好的新型经营主体上白榜，给予优先放款等优惠；信誉差的直接上黑榜，并与个人征信系统挂钩，通过一奖一惩，从农资源头和使用两端进行监管，实现农资溯源管理。

值得一提的是，爱农资还是一款基于互联网思维打造的农资流通管理系统，可以实现进、销、存的网络化管理。系统采用"互联网＋农资分销管理"的模式，将农资分销管理电商化，颠覆传统的电话订货、录单、核账、营销等环节，帮助农资经销商创建自己的农资商城，提升业务效率，提高服务能力和质量，增强渠道宣传能力和客户黏性，形成通畅的信息化体系，节约人力成本，实现效率提升。

以重庆农资的合作用户薛某为例，其从 2017 年 2 月 14 日开始正式使用爱农资系统，截至 2017 年 9 月，其销售流水超过了 2700 万元，在 2017 年 4～6 月的农资销售旺季，每个月都有 200 万元以上的经营流水，且未出现错单、漏单的情况，原来需要 4 个人完成的工作，如今 1 个人就能完成。随着客户体验优化和信任度的加深，薛某所在企业的业务管理模式更加清晰，人员成本大幅度降低。

2. 供应链金融

供应链金融是"互联网＋供应链"的一个典型的衍生增长服务，具体指以核心客户为依托，以真实贸易背景为前提，运用自偿性贸易融资的方式，通过应收账款质押、货权质押等手段封闭资金流或者控制物权，对供应链上下游企业提供的综合性金融产品和服务。

聚焦到农业供应链金融，金融服务主体则是通过对农产品从生产到加工，再到流通各个环节信息的全面掌控来实现放贷风险的降低。做好供应链金融服务的核心是对产业链信息的掌控，按产业链信息掌控的主体来划分，供应链金融大致有四种模式：B2C 类电商模式、物流公司模式、核心企业模式、社会服务公司模式。在"互联网＋"的背景下，借助于大数据技术，金融服务主体能够实现信贷评价指标体系的创新，这也是现代供应链金融的本质所在。

农产品销售是农业产业链条中的关键节点，销售平台不仅能掌握农产品上下游信息，还能轻易控制资金和销售实物。农业供应链金融以农产品销售平台为核心，以信息、资金、农产品为贷款评价的主要内容，为上游生产者提供金融服务，并最大限度地降低放贷风险。

2015 年 1 月 6 日，由成都易科远见科技有限公司、湖南华大农业科技发展股份有限公司、永兴冰糖橙农业合作社联合创办的中国首家农产品供应链金融服务平台果联金服在湖南永兴正式上线。果联金服主要包括冰糖橙优选商城和供应链金融两大板块，优选商城是围绕冰糖橙建立的销售平台，供应链金融则依靠此销售平台开展业务。冰糖橙优选商城把小微电商、国内各大型超市、水果连锁店、水果批发商、物流企业等都集中到平台上，消费者登录平台就可以选购冰糖橙，然后平台会通过统一的物流体系，将产品快速配送到消费者手中。

供应链金融板块采用传统金融与互联网金融相结合的方式，整合供应链上的信息流、商流、物流、资金流，打破了银企之间融资的壁垒，帮助果农解决采摘、耕种、收获等过程中的融资难题，使得当地的鲜果可以产业化生产。

一方面，果联金服的订单农业方式，可以提前满足农户的资金需求。作为果联金服的综合采购商，湖南华大农业可以根据以往的销售数据和经验，锁定优质果园，与它们提前签订农业订单，并从技术上指导农户如何进行生产、采摘以及物流运输。作为供应链中的资金提供方，银行则可以依托订单，对农户贷款给予一定的利率优惠。这样，农户在生产前期就可以解决资金的问题，不再需要售出产品才能拿到启动资金。

另一方面，果联金服旗下由农户组成的合作社，可以有效收集农户的需求，在提供技术支持的同时，还与中国邮政储蓄银行合作，帮助农户进行贷款，为解决农户融资难问题很好地助力。

在相关风险防控方面，果联金服做了很多尝试。首先，在整个供应链平台上，核心企业将上下游企业整合在一起，实现资源共享，将单个企业的不可控风险变为供应链企业整体的可控风险。在这一平台供应链上，采购商有自己的采购计划，它们会根据自己的需求预估订单量。而这些真实可信的订单会作为抵押物，成为银行判断是否给农户贷款的重要依据。农户贷款购买农具最终会落实到具体的个人，往往由银行跟农户确定相应贷款的真实性，所以银行又帮核心企业把了一道风控关。农业保险也可以帮助农户降低风险。

3. 智慧物流

智慧物流是指将无线射频识别、传感器、全球定位系统等先进的物联网技术，广泛应用于运输、仓储、配送等基本环节，实现智慧物流信息化、智能化、系统自动化的运作模式，主要利用高新技术和现代管理手段实现物流配送体系的高效率与低成本智能化运作。

2013 年 5 月，菜鸟网络科技有限公司（简称菜鸟）在深圳成立。2016 年 9 月，菜鸟乡村启动"菜鸟县域智慧物流＋"项目，与本地化的物流合作伙伴一道，共同建设成为覆盖国内广大县域及农村地区的平台型综合服务网络，同时为城乡消费者、中小企业、电商平台提供商品到村配送、县域间流通、农副产品销售流通及各类商品安装维修的综合性解决方案。

菜鸟乡村联合统一、威露士、立白、柔诺、金龙鱼等商家推出百货集包服务。所谓百货集包服务，是指以县为单位的用户在电商平台下单达一定数量后，货物统一发送到菜鸟的县级服务中心。这就像是团购，过去网购往往是一个个单独的包裹发送出去，但百货集包服务把所有订单汇总，通过末端物流体系统一配送，这种策略可以有效控制物流成本。在百货集包服务基础上，菜鸟乡村又推出了升级版——橙运流通服务，为线上商家、县域商家提供自选式集单发货服务。橙运流通服务使用 B2B 的物流方式，大大节约了包材、人工成本，实现 ToC 的配送体验，成本节约 50% 以上，货损率可以降低 100 倍。

通过菜鸟的四级地址库，用户可以任意选择一个乡镇、一个县乃至一个市作为集货单位，商家只需将同类商品一次性打包，菜鸟将根据商家仓库位置，利用社会化干线，按照系统提示配送至集货地。配送车辆根据系统提示，依次卸货至位于乡镇的橙运服务站，站点可根据系统提示完成全链路配送。

菜鸟乡村一直在探索不同的农村供应链解决方案。2017 年 4 月，菜鸟与农村淘宝、延边政府合作，成立了首个农产品全链路解决方案的服务中心仓。菜鸟乡村通过全链路信息监控，优化链路设计，实时监控各环节生产、运营过程，为延边大米供应链效率的提升保驾护航。

菜鸟乡村为农产品上行提供入仓质检，实现源头品质监控；采用统一的包装，可以帮助卖家提升品牌形象，降低破损。数据显示，产地入仓模式平均可以节约 15% 的物流成本，真正做到还利于农户。同时，菜鸟农业也为农户提供大件农资农具，采用从工厂直达田间地头的"拼车购"模式。"拼车购"试运行仅仅 2 个月，全国已拼近千车次，累计运输货物 2 万吨，节省物流中间环节费用约 300 万元。

4.3.2　涉农电商平台模式

平台模式的本质就是创造交易场景、链接供需双方，促使供需双方完成交易。它的核心价值就是提供特定交易市场，降低信息获取成本，提高供需匹配概率。我们更多地将平台称为"双边平台"，最主要的是做供需双方的"撮合交易"。

在传统交易中，消费者与生产者被层层中间商割裂，两者之间存在极大的信息不对称。电商平台的出现把消费者与生产者放到了同一平台上，平台销量能及时反映需求信息，供给信息可以更便捷地被消费者得知。在取代传统中间商的同时，供应链体系的变革、大数据技术的发展、金融系统的创新及信息传播手段的迭代，使得消费者与生产者的紧密联系成为可能。

典型的"互联网＋农村经济"发展模式撮合平台如图 4-11 所示。

"生产→流通→消费"是农业产业链的经典三段。通过调研结果可知，电商平台有不同的发展基础和最终呈现模式，本节便是根据产业链条的经典三段论对不同电商平台模式进行类型划分，并依此展开讨论。

首先是只控制生产环节的平台模式，该类型电商平台的发展路径是：生产者为平台主体，以特色农产品为基础，在电商平台上实现与消费者的信息对接，并通过流通环节将农产品送到消费者手中。其次是生产与流通并重的电商平台，此类型平台的典型发展模式为：以能

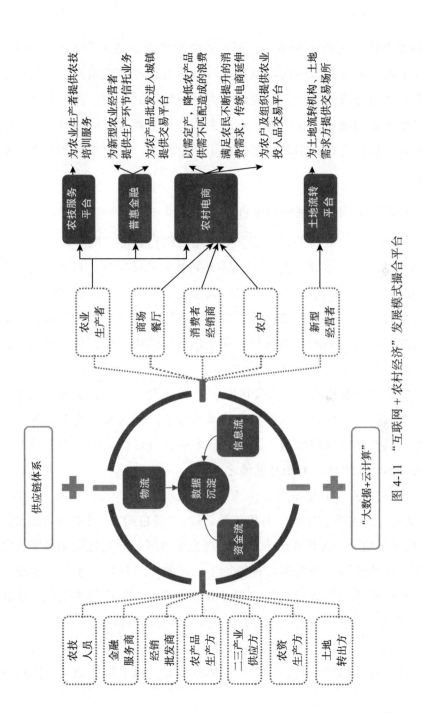

图 4-11　"互联网＋农村经济"发展模式整合平台

控制流通环节的企业为主体，通过建立生产基地或者与生产者合作，掌控上游产业链，最终通过电商平台与消费者产生联系。最后是对原有全产业链升级的平台，呈现结果为区域经济的转型，在产业生态发展已经成熟的地区，生产者、流通主体、消费者虽然通过较为原始的线下方式进行连接，但是已经形成了稳定联系，电商平台的产生是水到渠成。

1. 以特色农产品销售为核心

特色农产品电商平台销售主要利用已经存在的"电子商务公共平台"（如淘宝、微信商城等），进行本地特色农产品销售，打造特色农产品品牌，逐渐向农产品生产与农产品深加工环节延展。模式的核心是通过平台，实现"人、物、场"的有效连接，其中，相关的运营者负责实现特色农产品的品类选择、安全认证与销售许可，包装设计、宣传及市场推广等工作。

山东泰茶农业发展有限公司成立于 2013 年 5 月，是集有机名茶种植加工、南植北引、生态养殖、休闲旅游于一体的现代生态农业示范基地。其产品已获得欧盟、美国、日本的有机认证，是我国为数不多的通过国际有机认证的茶叶基地之一。

公司按照"江北茶乡、生态有机、现代农庄"的思路，以北方"茶文化"为主线，生产"有机茶"，发展"特色游"，打造全国最大的"有机茶基地"、4A 级现代农业休闲观光旅游区。配套建设茶博园、茶艺园、湿地公园，开展茶叶种植加工、旅游产品开发等项目，实现了良心谷产业链条的有效延伸。项目全部建成后，年产值 5 亿元，获利6000 万元，利税 2000 万元，吸纳 1 万余名劳动力就业。

2016 年，公司进行互联网营销平台及物流管理平台的建设，以推动良心谷品牌建设与推广、营销体系建立、线上线下融通、国际贸易等快速发展。电商公司的建立吹响了良心谷进军市场的号角,品牌现已在天猫、京东开设良心谷旗舰店,在淘宝开设店铺,均实现入驻即销。

2. 以协调生产销售为核心

2010 年,在遂昌团县委、县工商局和县经贸局的倡导下,赶街创始人成立了遂昌第一家县级电商运营中心——遂昌网店协会,这是一个"协会 + 公司"的"遂昌模式"电商管理组织。

赶街网是一个以现有的电子商务服务平台为基础,建设运营赶街农村电子商务综合网络服务的平台。从技术上,该平台可以实现跟淘宝网、京东商城、当当网等主流电商平台的无缝对接,开展相关合作。从功能上,该平台拥有"消费品下乡"和"农产品进城"的双向流通功能。从运营上,该平台为供应方提供产品推广和品牌宣传、订购、供应链、支付等交易服务,为买方提供网络购物咨询、产品采购优选、供应链配送、售后等优质服务。

"协会 + 公司"的"遂昌模式"是组织化管理模式,它使得网店经营者从"单兵作战"到"抱团协作"。此后,这种模式不断引起各方关注。2013 年 10 月,阿里研究中心发布《遂昌模式研究报告》,称"遂昌模式"是中国首个以服务平台为驱动的农产品电子商务模式。

赶街模式通过"县级运营中心 + 村级服务站 + 农户"一整套运作模式,帮助农户实现代买、代卖,提供便民服务,让农户真正享受到电子商务所带来的便捷和实惠。

村级服务站是赶街网直接为农户提供服务,和农户建立强关系的网点。赶街网在每个村设置一个服务站,服务站站长由村民担任,站长要会上网购物,他负责帮助村民在赶街网购买产品、话费充值、缴纳水电费等,后续服务站也会成为帮助农户代卖农产品的服务网点。

网点通过代买、代卖的服务解决了村民不会上网购物，以及缺少网络设施的问题。

赶街以在农村植入、普及、推广电子商务应用为核心，充分发挥电子商务优势，突破信息和物流瓶颈，推出了电子商务、本地生活、农村创业三大业务板块和二十多项具体业务，从而实现"消费品下乡"和"农产品进城"的双向流通功能，为处于交通不够便利、信息相对落后的农村居民在购物、销售、缴费、创业、出行、娱乐资讯获取方面提供一站式服务。

村级服务站为农民提供服务，而县级运营中心则为村级服务站提供支持。赶街在每个县设立一个农村电商县级运营中心，每个中心有15名左右的服务人员，负责该县的村级服务站网点的开发、服务及管理，同时也提供从县到村"最后一公里"的物流服务。

3. 以协作销售为核心

寿光地利农产品集团有限公司（简称寿光地利）的蔬菜交易平台经营范围主要为农产品物流、批发市场投资与运营管理，全资拥有寿光农产品物流园有限公司、哈尔滨哈达农副产品股份有限公司、四川聚合生态农业发展有限公司、贵阳地利农副产品物流园有限公司等十三家农产品物流企业，是经营范围覆盖农产品全产业链的大型综合企业。

产业生态电商模式构建的核心在于农产品所在区域连锁经营模式的构建，这与区域的经济发展水平、人口数量、人均消费指数是紧密相连的。企业的发展离不开地方政府的扶持，同时优质的企业会明显地为该区域农业产业生态的发展提供良好的运营环境，适当维持市场秩序。

寿光地利农产品物流园采用电子结算系统，主要包括交易模块、车辆模块、查询模块等，从客户的现场交易开始覆盖整个交易过程，实现规范、透明、便捷、高效。进入园区的客户到结算中心登记相关资料并办理市场交易卡，买方客户先到结算中心充值窗口预交货款。买卖双方自由看货谈价，用电子秤过磅时，买卖双方将自己的 IC 卡放在读卡感应器上，然后告知过磅员交易信息并输入，保存打单后交易货款自动完成交割。货款划到卖方客户账户的同时，物流园收取的交易费即可通过市场交易卡自动完成转账。买方客户持交易单提货，管理人员验票出货。卖方客户随时持卡到结算中心提款，或通过电子银行汇款。

4.3.3　数字化农业服务模式

典型的农业服务，包括了精准农田管理、农场智能化，以及农业信息咨询等方向，我们在下文中一一进行阐述。

1. 精准农田管理

精准农田管理将遥感技术、物联网技术、互联网技术、计算机技术、气象学、农业学、土壤学等科学手段和相关知识，应用在农业生产过程中。一方面，利用遥感技术快速获取大面积农田的土壤墒情、养分、作物长势和病虫害等信息，可以有效提高农情信息的获取能力，并做出合理规划、有效预警、精准分析、精细管理，从而服务于农业生产"耕—种—管—收"各个环节。另一方面，结合空间大数据分析等现代信息技术的农情信息服务平台可以有效连接农民和农业生产决策者，推进"人—机—田"一体化建设。

实时监管甚至可以预测农田即将发生的耕、种、管、收相关情况。在农业生产的过程中更多地应用数字化技术，可以一定程度上摆脱自然灾害的负面影响，使农业作业更加生态化、智能化，实现降低成本、优化资源配置、提高效率的目的。

2. 农场智能化

农场智能化就是充分利用现代信息技术成果，集成应用计算机与网络技术、物联网技术、视频监控技术、3S 技术、无线通信技术，集成农业专家智慧与知识的决策支持系统，实现农场可视化远程监测、远程控制、灾害预警等智能管理。

智能化农场是现代农业发展的基本单位，依托在农场生产现场的各传感节点，通过无线网络将信息传输到控制中心，实现对农场生产环境的智能感知、智能预警、智能决策、智能分析等，为农场生产提供精准种植、可视化管理智能决策。

从交易层面看，传统农业产业链上游集中在农资贸易环节，中游集中在农产品加工环节，下游集中在农产品贸易环节。目前产业链下游的电子商务平台数字化技术渗透度最高。毫无疑问，数字化与农业的融合将给农业带来巨大的模式变革。

3. 农业信息咨询

农业信息咨询的作用是为有需求的客户传递有效农业信息，传播途径包括手机、电视、报纸等，信息内容指向种植业、养殖业、林业等不同细分领域。在互联网高速发展的背景下，信息传播手段不断丰富，农业媒体平台更是呈井喷式发展。政府作为农业信息的权威发布者与媒体平台的最早建立者也在紧跟时代步伐，与时俱进，12316 三农综合服务信息平台便是最好的例子。

最初，当时的农业部向信息产业部（现为工业和信息化部）申请了公益服务专用号码，开启了 12316 "三农"信息服务之路。

12316 不断在实践中创新与成长，从电话、电脑、电视"三电合一"的单一服务模式升级成为多渠道、多形式、多媒体相结合的综合服务模式；服务领域由原来仅限于农业生产技术、政策、市场拓展到生产、生活、医疗卫生、教育文化、金融法律、就业等方方面面；承载内容由原来农业系统的单项工作发展为优化配置资源，全面服务"三农"的大型平台载体。可以说，12316 是"互联网＋"在"三农"领域最早的探索与实践。

第 5 章

数据资产推进组织转型升级

数据作为基础资源和生产要素进入经济活动，已获得广泛认可，并已被各类组织视为重要资产。数据资产是组织合法拥有或控制的、能进行计量的、为组织带来价值的生产资源。

数字化带来了企业决策体系的重构。企业竞争的核心是资源配置效率的竞争，资源配置优势的核心在于科学决策，数字化转型就是用"数据＋算法"替代经验决策，核心在于数据的自动流动——正确的数据在正确的时间以正确的方式传递给正确的人和机器。

经历过信息化大潮的人，面对数字化浪潮时往往会充满疑惑，似乎难以区别过去的信息化和现在的数字化。但没有经历过信息化大潮的人，面对纷繁复杂的数字化局面，又会眉毛胡子一把抓，缺乏章法，不得要领。

数据与数字化是紧密关联的，因为在数字化转型中，业界确实普遍把数据奉为神明，认为数据是制造业数字化转型的驱动力、数据工程是其核心工程。企业数字化转型的核心，在于重视数据，将数据作为企业经营决策上重要的生产要素。践行数据驱动，企业各层级领导和员工都能够使用数据做出更好、更科学的决策。

企业对数据的利用方式做了何种转变，决定了企业能够做到何种程度的数字化转型，就像人类对能源利用方式做了何种转变，决定了工业发生了何种革命，因为能源是原子工业的动力，数据则是比特工业的动力。人类的工业革命是能源利用方式的变化导致的，这也预示着人类利用数据的方式将会不断进化。

本章从数据资产的演进与商业生态两个角度，描述企业乃至政府如何通过业务数据化获得越来越多的数据，实现数据资源化、数据产品化、数据货币化的过程，以及相关过程中产生的商业模式。

5.1　数据资产的演进

毋庸置疑，数据已经成为驱动经济社会发展的新生产要素。世界范围来看，人类生产和生活的全领域和各环节，无时无刻不在产生数据、利用数据。数据要素市场已经初步形成，数据要素的应用场景正在加快拓展，其对提高全要素生产率的作用更加凸显。

随着数据应用越来越广泛而深入，几乎每个人都会被卷入这一浪潮。不管是网页日志数据、社交数据、在线交易数据还是物联网传感器数据，无时无刻不存在着数据的上传、记录、分析甚至泄露。互联网公司千方百计地让人们花更多的时间在线，留下浏览记录、定位、轨迹、支付记录和视频音频。这些数据都可以被挖掘、整合，孕育出下一个改变人类生活的应用程序。这意味着，数据已经开始成为一种新的生产要素。

"数据资产"一词首次于 1974 年由美国学者理查德·彼得斯

（Richard Peterson）提出，最开始指政府证券、公司债券和实物债券等资产，是由信息资源和数据资源逐渐演变而来的概念。随着互联网技术的普及和商业的应用，人们对它的认识不断深入，这一概念的内涵和范围也在不断地扩展。

2009 年，托尼·费希尔（Tony Fisher）在《数据资产》中指出，数据是一种资产，企业要把数据作为企业资产来对待。同年，国际数据管理协会在《DAMA 数据管理知识体系指南》中指出：在信息时代，数据被认为是一项重要的企业资产，每个企业都需要对其进行有效管理。

2011 年，世界经济论坛发布了《个人数据：一种新资产类别的出现》报告，指出个人数据正成为一种新的经济"资产类别"。2013 年，《美国陆军信息技术应用指南》中将数据资产定义为"任何由数据组成的实体，以及由应用程序所提供的读取数据的服务。数据资产可以是系统或应用程序输出的文件、数据库、文档或网页等，也可以是从数据库返回单个记录的服务和返回特定查询数据的网站；人、系统或应用程序可以创建数据资产"。

2018 年，中国信息通信研究院云计算与大数据研究所发布的《数据资产管理实践白皮书（2.0 版）》中将数据资产定义为"由企业拥有或者控制的，能够为企业带来未来经济利益的，以物理或电子的方式记录的数据资源，如文件资料、电子数据等"。

国家标准《信息技术服务　数据资产　管理要求》（GB/T 40685—2021）中将"数据资产"定义为"合法拥有或者控制的，能进行计量的，为组织带来经济和社会价值的数据资源"。

任何组织想要构建自有数据资产，都需要经历业务数据化、数据业务化、决策智能化等阶段，每一个阶段获取的数据，都可以成为组织的数据资产。在第一阶段，组织通过互联网相关数据获得物理世界相关行为和属性的描述信息。在数据积累到一定体量之后就到了第二阶段，这时组织会针对相关数据进行整理分析和进一步价值挖掘，提升企业的经营效能。随着智能算法的沉淀和优化，第三阶段时组织通过高效决策提升经营效能，推动快速规模化，进而形成可交流、流通的"资产"，如图 5-1 所示。

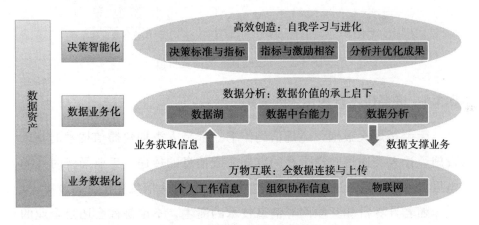

图 5-1　数据资产的不同阶段

本节通过描述数据资产的三个阶段，让读者了解数据不同阶段的价值点，并思考自身所在企业或所服务的企业相关转型升级需要构建的相关技术和经营能力。

在计算机和互联网技术诞生之后，基于互联网技术应用创新成功的领先企业比比皆是。实际上数字技术把人类的精神世界与物理世界中的信息、观点、知识、智慧等，进行了业务数据化、数据符号化、数据资产化，如图 5-2 所示。

这里的物理世界是不论人类在或不在都依然存在的世界；精神世界则以个人的认知、判断为准则，对世间万物自身下定义；符号是人类物理与精神进行关联、定义的产物，比如文字、图像等。人类掌握了符号的定义，进而才会有不同时代的演进与技术的发展，才会有基于技术应用创新的商业模式和领军企业。

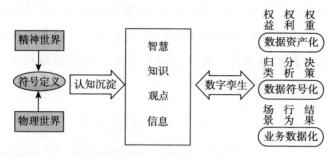

图 5-2　互联网技术的商业价值

5.1.1　通信技术升级带来的变化

无论是烽火狼烟，还是信鸽传书，都是人类构建通信技术的基础设施，让人类通过时空折叠的方式完成信息的传递。工业经济时代的电报、电话让我们进一步突破时空枷锁，让传递信息变得更高效。

随着计算机和互联网等信息技术的诞生，不论是社会还是企业的经济增量都是围绕新的通信技术下基础设施的网络带宽便利性发展的。3G 让微信找到了互联网的门票，4G 助力短视频行业走在时代的风口浪尖，5G 正在悄然助力工业领域高效发展，数据孪生下的灯塔工厂、黑灯工厂都离不开这一技术的支持。

1939 年，在万国博览会上，美国当时最大的电信运营商 AT&T 提出了第一代移动通信的设想。然而直到 30 多年之后，在摩托罗拉移动通信负责人马丁·库珀的带领下，1976 年，美国摩托罗拉公司才将无线电技术应用于移动电话。

1978 年底，美国贝尔实验室成功研制全球第一个移动蜂窝电话系统——先进移动电话系统（Advanced Mobile Phone System，AMPS）。5 年后，这套系统在芝加哥正式投入商用并迅速在全美推广，获得了巨大成功。

同一时期，欧洲各国也不甘示弱，纷纷建立起自己的第一代移动通信系统。瑞典等北欧四国在 1980 年成功研制 NMT–450 移动通信网并投入使用；联邦德国在 1984 年完成了 C 网络（C–Netz）；英国则于 1985 年开发出频段在 900MHz 的全接入通信系统（Total Access Communications System，TACS）。此外，日本的 JTAGS、法国的 Radiocom 2000 和意大利的 RTMI 也都是第一代移动通信系统的制式。

1991 年，第一个 GSM 呼叫在芬兰实现。1993 年，澳大利亚成为第一个使用 GSM 的非欧洲国家，GSM 国际化的脚步就此迈开，新的规则开始走向全球。1995 年，GSM 登陆北美，全球用户数超过了 1000 万。1996 年，中国开始部署 GSM 网络。至此，第二代通信技术正式走入全球人民的生活之中。

1998 ～ 2000 年，国际电信联盟讨论第三代移动通信标准的会议持续了近两年。最终移动通信标准形成了"三足鼎立"的局面：美国的 CDMA2000、欧洲的 WCDMA、中国的 TD-SCDMA。

从 2000 年 3G 通信标准发布，直到 2007 年才实现世界范围内的普及，关键原因是没有杀手级的应用。2007 年 1 月，乔布斯发布了第一代 iPhone，其简洁的界面、应用屏幕触控技术及其应用商店一战成名，一举击溃了当时所有的竞争对手，由此智能手机市场开始了全面爆发。

众多当前知名的互联网公司及人们已经耳熟能详的商业模式，都是由于这一基础设施的出现才有机会大展身手，在激烈的市场竞争中谋得先机，拿到移动互联网时代的门票。

2014 年，中国三大运营商开始进行 4G 服务，其 100M 的传输带宽正式让用户摆脱了网线的束缚，让手机成了连接互联网的第一终端，也让众多创业者开始对移动通信的无限可能展开了想象。

基于视频业务的爆发，视频播放业务从传统的电视开始转向网络，视频播放平台的收费业务逐渐被用户接受并成为消费习惯。直播的出现也影响了人们的娱乐和交流模式，直播平台也造就了一个又一个高流量和高收入的"网红"。

从 1G 到 5G，移动通信系统已经完成了从模拟通信到数字通信、从纯电路交换到全 IP 交换、从 FDMA 到 OFDMA 的数次技术更新，每一次更新都带来了更快的速度、更低的时延和更多的特性，也带来了更好的用户体验。

目前 6G 技术正在研究中，越来越多的企业正在通过数字孪生的方式将业务场景下的行为、结果，通过数据的有效分类、分析，助力更高效地决策，演变出一个全新的商业模式。

5.1.2　数据资产的不同阶段

1. 业务数据化

业务数据化即生产过程中通过设备收集的和业务产生的数据，涉及人、设备行为过程中相关的信息。

业务产生盈利。如果企业开展的业务不能盈利，没有外力支持下企业很难持续发展。因此，对企业来说，如何通过开展优质业务稳定地持续盈利，才是头等大事。

业务数据化，本质上就是企业能通过数据看到一些有助于企业实现盈利的信息，并将这种信息落地，最终实现盈利。

数据世界和物理世界是孪生的关系，企业可以通过软件和硬件两种方式获取现实中发生的行为与物体的状态、属性。

软件方面，企业通过各种软件系统获取用户的行为数据，如各类电商平台通过日常销售所掌握的消费者行为数据、市场需求数据等，或基于特定目标获取第一手数据，并有效利用它们为企业带来利益。

企业也会通过"网络爬虫"程序收集网络中公开的数据,这类数据并不是由收集企业自身的交易和项目形成的,但确实会为相关数据的收集者带来一定的经济利益。

硬件方面,企业通过相关设备采集物理实体相关的信息(时间、状态),如农业企业大部分都需要通过物联网、遥感卫星、无人机或传感雷达等形式,获取农业或涉农领域相关的生产环境、生长状态、自然灾害或病虫害等数据;交通数据通过地下线圈、车载 GPS、摄像头等相关设备获取;工厂、门店通过传感器、摄像头等设备获取相关数据。企业将物理世界的业务场景通过人工或设备采集的形式,上传到数字世界形成数据,并能够将数据转变为带有建议性的信息,帮助消费者实现新的价值创造。

作为企业的经营者来说,应基于企业自身的业务特点通过 IT 工具提升企业的运营效率。企业要从内部到外部、从供应链上游到销售服务下游进行关键数据获取,并通过报表的形式,按一定周期交付给业务负责人或者管理层进行评估,辅助企业有针对性地对业务进行相关的优化或调整。

这里提到的关键数据获取是指对企业生产运营的各个重要节点以"量化指标"的形式进行梳理。同时,通过技术研发,实现指标数据的自动采集、汇总和加工。

对于一些受限于技术能力暂时无法实现自动化采集的数据,需要企业制定严格的管理规范并培训员工进行采集,务必保证数据的准确性和时效性。同时,基于采集的数据,搭建并设计具有业务特征的算法模型,通过数据报表的形式为企业经营者进行评估与决策辅助。

这里要特别注意的是,前期数据报表的构建受限于企业管理层或者具体业务负责人的认知,带有很大的主观性。因此需要基于业务的经营和发展,不断地优化和更新相关的算法逻辑,进而保证数据的客观性与决策的准确性。

企业业务数据化的目的是利用物联网、云计算、大数据、人工智能等新一代数字技术，构建一个全感知、全场景、全智能的数字世界，将现实世界中企业的业务场景、业务模式和业务流程，在数字世界中精准映射。

也可以说，业务数据化最核心的价值，在于它能够有效获取企业内部到外部，从供应链上游、企业经营情况到销售服务下游的关键数据"，对整个组织的业务流程进行端到端的实时监控，并通过报表的形式，按一定周期交付给业务负责人或者管理层进行评估，以便更便捷、有效地找到业务流程瓶颈，辅助企业有针对性地对业务进行优化或调整。

任何企业想要数字化升级，都需要先完成业务数据化。企业发展的早期阶段，只要拥有业务场景信息化能力，并且能够进行业务场景数据的展示和初步分析即可满足日常需求。随着企业的发展，业务场景自身沉淀和获取的数据越来越多，企业对于数据存储、分析的能力要求越来越高，需要构建效率更优的数字化能力。阿里巴巴、腾讯这样每天接收海量数据的企业，需要通过智能算法提升数据分析和企业经营决策的效率，构建自身的智能化决策能力。

随着新技术被企业不断应用到各个场景的过程中，企业的数字化应用方向也从单纯的降本增效向构建企业数据资产的方向转变，防止自己被市场"去中介"甚至完全被排斥到行业之外。很多腰部以下的企业，通过当前较成熟的技术或工具将经营场景过程中的数据沉淀下来，在业务和技术不断融合的过程中扩展相关业务边界，不断深挖业务价值，将供应商、商品、员工、渠道、用户等数据，基于场景化的方式进行沉淀和优化，进而提升企业的经营效能及商业价值。

2. 数据业务化

数据业务化是对业务系统中获取的数据进行二次分析，进而找到业务中的规律，让数据反哺业务，用数据驱动各业务发展，优化业务运营效能，最大化释放数据价值，完成数据业务优化企业运营闭环。

这一阶段的企业可以将以往信息化改造过程中累积下来的产品数据、交易数据、电商数据、用户数据、媒体数据、行业数据等，通过采购成熟的算法工具或自主研发的方式，不断地将数据分析成果融入企业的管理和经营过程中，通过数据分析发现问题、发现规律、发现商机，用数据优化业务组合、业务流程、经营模式，实现企业的持续运营、持续创新、持续发展。

数据业务化的重点在"业务"二字，表面意思即将数据相关的整理、分类、优化、计算变成一项业务，将数据产品化、商业化、价值化，且建立专门的团队进行运营和推广。也就是说，数据业务化将数据作为生产原料和商业价值载体，变成新业务下的产品并专业化运营，按照产品进行相关包装、定价和推广，让提供数据产品成为企业创收的新业务，如图 5-3 所示。

由此可见，业务数据化和数据业务化既是先后关系，也是共生关系。业务数据化是组织或个人获取业务相关数据的基础应用，数据业务化是基于数据量的延展。每个业务数据化的相关系统，虽然都具有一定数据治理的标准，但是都无法将数据价值应用到企业全方面优化中去。

很多企业通过内部数据标准化治理，在内部流程数据化、业务数据化的过程中，面向个性化业务场景进行分析、优化建议与可视化输出，以提升企业降本增效、决策执行的效能，进而使相关的业务数据具有明确的应用价值。很多互联网企业基于相关价值进行产品化、商业化推广与升级，代表技术和工具有数据治理、大数据、人工智能、云计算，以及其他帮助企业智能决策的数据产品。

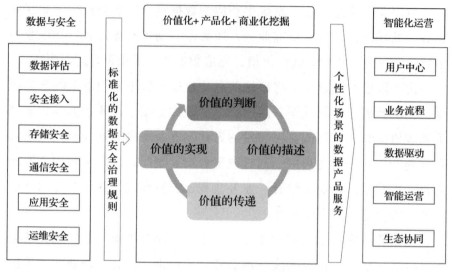

图 5-3　数据业务化模型

本质上，业务数据化过程中产生的数据，会像水、电、气等基础设施一样，成为经济社会发展新的基础支撑，数据业务化会驱动企业实现整个产业链乃至整个行业的运行效率提升，推动社会经济更高质量、更快效率、更加公平、更可持续地发展。

互联网技术对于行业的渗透有一个时间周期，经济社会各领域的数字化转型正在加快推进，数据已经登上历史舞台，无时无刻不在影响着我们。

消费者感受最深的是零售行业数字化转型。2020 年伊始，蒙牛正式开启了数智化业务战略转型，而不是传统意义上单纯的 IT 战略转型。

2021 年上半年，蒙牛收入达 459 亿元，同比增长 22.3%，利润达 29.5 亿元。这是蒙牛五年来最好、超预期的高增长业绩，这份业绩本身在某种程度上表明了蒙牛"FIRST"战略的成功。"FIRST"战略包括消费者至爱（First-Choice）、国际化（International）、更具责任感（Responsibility）、文化基因强大（Spirit）和数智化（Technology）五个维度。

蒙牛的数智化转型遵循两点：

- 一切业务数据化：通过参透业务的本质，满足客户的核心诉求之后，将业务的所有行为全面数字化和在线化，洞察所有的业务数据。
- 一切数据业务化：用数据做决策，用数字化的方式改变原有的商业模式。

为了拉平认知，蒙牛通过聘请外部专家、加大外部干预等形式，组织关键人员与核心骨干通过头脑风暴、封闭式培训、会议等形式，让参与的每一个人都不断提出问题、解决问题，最终达成共识。

最终，蒙牛集团 CDO 张决向高管们说："未来蒙牛的每一个业务都将会是数字化的，未来的数字化就是业务本身，会融入生产销售的每一个环节，数字就是业务，业务就是数字。"蒙牛通过 2 年多的准备，才在 2020 年以数字化转型办公室研讨共识的形式正式启动数字化转型。

2018 年时蒙牛开始扩建 IT 团队，2 年多里，信息化团队从 100 人的规模扩大到 240 人，信息部的组织架构也拓展为稳态的 IT 组织与敏态的 DT 组织两大类，其中 DT 部分下设产品设计部、数智应用部和智能算法部，初步形成了拥有应用开发和算法开发自研能力的团队。在完成了基础能力构建和资源筹备，且业务负责人到位的情况下，蒙牛的数智化之路正式开启。

以智能工厂改造为例：蒙牛现有 60 多个工厂，工厂之间智能化差别很大，蒙牛通过完整的数智化布局，采用螺旋式发展策略对工厂进行升级建设。对新建工厂，蒙牛参照行业最高标准进行建设，着重打造工厂的数智化能力，实现大数据决策能力、端到端价值链最优能力以及满足客户化定制等要求；对原有工厂，根据工厂的改造难度、工厂产能、工艺重要性等设计不同的方案进行智能化改造，并在不影响生产的情况下实现工厂的升级换代。

蒙牛的研发数智化分为两个方面：一方面是研发过程的数智化，蒙牛部署了项目管理系统，对研发过程中的文档管理、项目管理、包装管理、工艺管理等过程进行系统支撑；另一方面是以消费者为导向的研发，随着消费者越来越注重个性化，蒙牛会根据消费者需求实现快速定制，而模块化的智能工厂则保证了柔性生产，从而满足消费者需求。

在企业区域或所在行业已经达到一定优势的情况下，企业核心思考的就是进一步占据产业话语权的制高点，目前来看任何企业想要做到这一点，都必须完成数智化转型，将数据作为所有业务分析、决策优化的依据，如果在这一过程中能够构建数据业务化能力，企业一定要把握住。

3. 决策智能化

那什么是决策？当我们遇到危险或挑战之时，会第一时间做出战或逃的选择；在生活、学习、工作中，我们也会基于不同情况做出自己的选择；面对更为复杂的企业经营，也会有若干选项。决策，就是在众多选项中做出最终的选择。

决策智能化是指将社会科学、管理科学、物理世界数据获取、整理与人工智能技术融为一体，帮助组织与个人改善现状、优化效能，即基于数据构建出效果最佳的行动轨迹。

数据本身不会说话，也并不会直接创造价值，真正为企业带来价值的是数据分析之后产生的信息和行动，是数据经过实时分析后及时地流向决策链的各个环节，或者成为面向客户创造价值服务的内容和依据。

我们都知道，人类在大多数情况下满足于"优秀"而非"完美"。我们的大脑就像一台高能耗的电脑，虽然占据整个实体的比例很小，但是消耗了 20% 的能量。我们习惯于简单地做出决策来节省自身的能量消耗。这种使用习惯让我们面对繁杂的现代社会竞争时，越来越难以快速地做出正确的决策。

人一旦脱离以往习惯的"常规"，通常会感觉到压力重重乃至疲惫不堪。然而，我们就是生活在这样一个被新科技、新模式不断推进、不断改变的世界中，我们的生活也被这背后的力量悄然地改变，企业也必然如此。

在数字经济时代，我们看似在为生计而忙碌，实际上却在为数据而奋斗。我们的生活品质乃至企业进一步发展的情况，都一定程度上取决于我们获得数据的质量，以及数据分析模型的品质。

在无限变化的市场环境中，工业经济时代商业网络上的供应链、生产商、渠道商、客户均处于相对独立且分散的小网络中。随着互联网技术的出现和普及，以客户服务为宗旨的观点被越来越多地提出，原本松散的网络关系被越来越紧密地连接在一起。这种连接表现在企业研发设计、供应链管理、生产管理、品牌营销、渠道赋能与客户服务等各个环节。企业内部通过互联网技术连接，让企业经营者能够洞见组织每一个成员、每一个业务流程的衔接与最终结果，进而做到降本增效；企业外部通过互联网技术连接，能够有效识别上下游产业伙伴的价值贡献与效能，构建一个最适合企业经营的超级价值网络。

除了人与人、企业与人、企业与企业的连接之外，还有物的连接。

比如供应商、渠道商的车辆物流与商品储存情况，商品生产过程中相关设备的使用、损耗情况，具体到一个特定商品的二维码与客户形成一物一码一人的对应关系。

数据以海量的文字、图片、视频及软件或设备获取的信息为载体，利用数字化技术和算法模型进行归类、分析及应用展示是数据资产的核心。所谓的数字经济时代，也是基于大数据针对已发生的数据进行处理，达到构建当下最佳的服务乃至预测即将发生的需求而形成的。

对于非互联网企业而言，大数据之路无疑是漫长而艰辛的。首先需要通过信息化改造，对自身资源和能力相关业务沉淀的各类数据完成业务数据化，并将分析的颗粒度逐步细化，优化企业以设计为核心的资源数据、以产品为核心的商品数据、以渠道为核心的销售数据、以用户为核心的分析数据，并且能够通过有效地连接、分析，将这些数据聚合在一起，推动产业链和价值生态的控制力、协调效能提高。

企业如果能够进一步升级，赋能团队、销售渠道、供应链、客户，完成数据业务化相关能力的构建，将数据服务能力凸显出来，那么企业就找到了数据经济时代最核心的数据资产价值，实现企业数据价值的变现，实现企业营收增长。

企业需要通过数据的沉淀不断优化自身数据算法或者数据引擎的能力，围绕产品设计与研发、供应链采购与赋能、商品制造与品质保障、渠道销售与赋能及客户智能服务等多个能力构建智能化决策能力。

企业通过挖掘数据的商业价值，形成价值共享、高效协同的方式，赋能产业链及商业协同网络的每个终端，通过数字化运营与智能化决策，为企业构建商业价值增量的能力，进而赢得市场竞争中的优势地位。

10 年前，我们说每家企业都会变成互联网企业。在这个人员在线、商品在线、业务在线、管理在线、决策在线的数字经济时代，我们认为每家企业都会变成数字化企业。这也就意味着企业必然开启智能化运营的篇章，而企业自身的链接、数据与分析将构成这一结果的基石，通过内外部数据的深度挖掘与智能分析技术的应用，针对不同领域、不同维度构建可视化数据及个性化场景的行为决策，构建企业的核心竞争力。

2020 年 3 月 30 日，中共中央、国务院发布的《关于构建更加完善的要素市场化配置体制机制的意见》指出要加快培育数据要素市场，这就需要推进政府数据开放共享，提升社会数据资源价值。数据资源有效流动后，扩大农业、工业、交通等重点行业的政府数据开发利用场景。

这是中央第一次发布关于要素市场化配置的文件，目的是促进要素自主有序流动，提高要素配置效率，进一步激发全社会创造力和市场活力，完善社会主义市场经济制度。在这份文件中，数据要素和土地要素、劳动力要素、资本要素、技术要素一同提及。

由此可见，数字经济与传统经济的一大区别就是，传统经济依赖"铁路 – 公路 – 机场"，通过优化物理世界的连接效率实现整个社会经济的增长，而数字经济更强调"云 – 网 – 端"，通过数据的有效分析与运营构建数据资产，推动整个社会经济的增长。

5.1.3　已经来临的元宇宙

元宇宙一词诞生于美国著名幻想文学作家尼尔·斯蒂芬森在 1992 年出版的科幻小说《雪崩》，书中提出了元宇宙和化身（Avatar）两个概念，书中情节发生在一个现实人类通过 VR 设备与虚拟人共同生活在一个虚拟空间的未来，人们在元宇宙里可以拥有自己的虚拟替身。

准确地说，元宇宙使用的不是什么新技术，而是像引领移动互联网时代的 iPhone 那样，是一个整合创新的产物。虽然其底层技术和应用场景与当前移动互联网还有着巨大的差距，但是它可能产生的新的颠覆性创新，也许会进而改变现有的市场格局。

作为下一代互联网革命性交互形式的统称，元宇宙是一个完全与物理现实世界平行的新世界，将通过更优的人机交互形式，改变人们在信息获取、商品生产、社交、购物、娱乐等诸多场景的生活习惯。

从信息传递和获取的角度来看，元宇宙将帮助人们从原来传递图文、视频信息，进化到可以实时传递任何物理空间信息，进而实现数字世界与物理世界的强互动。

2021 年被很多人认为是元宇宙"元年"。因为当前这个时代用 VR 和 AR 等技术构建的虚拟现实相关科技成果，已经向人们展现出了与物理世界平行的数字世界的可行性。

2021 年 3 月 10 日，美国沙盒游戏平台 Roblox 的上市引爆元宇宙概念。当日，沙盒游戏股票的开盘价为 64.5 美元，这一价格较公司 1 月线下融资交易时的每股 45 美元上涨 43.33%，截至收盘，Roblox 股价涨至 69.6 美元，上市首日市值突破 400 亿美元。

在公司的招股说明书中，沙盒游戏提到公司的业务领域被部分人称为元宇宙。其认为元宇宙用于描述虚拟宇宙中持久的、共享的、三维虚拟空间的概念，尽管这一概念在 30 年前就已经被提出，随着芯片、云、通信等技术越来越强大，元宇宙的概念正在日益深入并成为现实。

沙盒游戏首席执行官大卫·巴斯祖奇提出了元宇宙的基本特征：身份、朋友、沉浸感、低延迟、多元化、随地、经济系统和文明。基于巴斯祖奇的标准，元宇宙 = 创造 + 娱乐 + 展示 + 社交 + 交易，人们在元宇宙中可实现多维的深度体验。

德国著名战略管理咨询公司罗兰·贝格（Roland Berger）将元宇宙分为现实世界、交互接口、虚拟世界三大部分。也就是说，元宇宙将完成由虚向实、由实向虚的转化，元宇宙的发展路径与目标如图 5-4 所示。

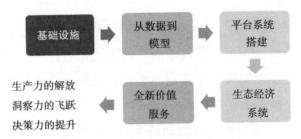

图 5-4　元宇宙的发展路径与目标

随着 6G、传感器、云存储、云计算及区块链等基础设施的完善，以及互联网技术下相关数据采集、数据分析、数据可视化及动态建模能力的完善，将会有越来越多的元宇宙平台甚至操作系统出现在世人的面前。

这个衍生自数字经济时代，立足于一个全新生态经济的价值系统，将能通过虚拟世界对物理世界进行全新的掌握与价值服务，并为整个社会的生产力、洞察力和相关决策能力带来本质的释放与飞跃。

至于元宇宙是否会像《黑客帝国》和《西部世界》中展示的那样，让人类被人工智能所控制，是那个必然来临的技术场景之下，人类通过自身行动去解答的问题。在数字经济时代，数据将成为核心"新能源"，是最重要的生产要素，如何高效、安全地利用数据要素是必须解决的问题。未来已来，只是尚未流行而已。

5.2　数据资产的商业生态

数据正在成为影响这个世界的主要力量之一。物体的状态、人的行为、物体与人的交互、人与人的关系，都在被数字化技术构建成数据关系，并通过社会价值与商业价值的计算，让资金、物资、人才等资源越来越清晰地被企业经营者所了解，进而催生出了一个新的生产要素——数据资产。

在电商平台网购，平台会基于购买记录和浏览记录，通过算法分析为每个消费者提供"千人千面"的网购页面，尽可能地刺激消费者下单消费；在短视频平台浏览，平台会记录用户的观看偏好、刷新频率，为用户推荐他潜在想要关注的内容。久而久之，用户将受制于"信息茧房"中，平台则进行更加精准的广告投放，推动购买转化，获取经济利益。用户如同"人形玩偶"，被一条条"无形的线"操控。

人类生活与数据高度融合，零售、医疗、消费金融、网络支付、出行、住房、媒体、旅游、商业服务、物流等方面都已高度数据化，每个人都被"算计"着，却浑然不觉。

我们经常会碰到这样的情况：手机突然收到一条信息，某个房地产商无端给你推荐了某楼盘，并邀约你去看房；你正在忙工作，打来一个推销电话，给你推荐产品。这时，你不禁想问，自己的手机号码是怎样流传出去的？

答案很简单，数据的黑市交易。你曾经在某个场合、某个 App 上登记的手机号码，用来注册、登录、收取验证码，这些都被记录下来，并被拿到场外交易。

我国对此高度重视，并于 2022 年 12 月出台了《中共中央　国务院关于构建数据基础制度更好发挥数据要素作用的意见》，也就是"数据 20 条"，用于数据资产的定义与规范，如图 5-5 所示。

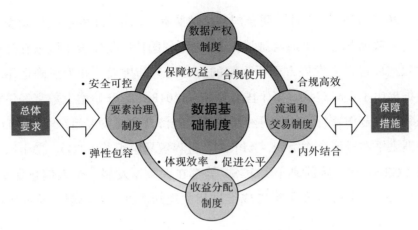

图 5-5　"数据 20 条"政策逻辑图

5.2.1　数据资产商业化的现在、问题与对策

数据已经成为社会经济发展的重要资产，蕴藏着巨大的商业价值和社会价值，成为全球下一步促进创新、提高生产力的重要基石。在这样的背景下，社会治理的关键是在政府数据与社会主体数据之间建立一种开放共享的有效机制，形成一个激励相容、利益共享的机制体系，使各个主体间既能积极挖掘和收集数据，又能打通数据壁垒，让大数据既能便利地被决策者使用，又不至于遏制经营者和社会组织的主动行为，真正促进信息的流动。

2011 年 9 月，巴西、印度尼西亚、墨西哥、挪威、南非、菲律宾、英国和美国共同签署了《开放数据声明》，宣告成立"开放政府合作伙伴"组织，截至 2021 年，该组织已由最初的 8 个成员增加至 78 个国家成员和 76 个城市成员。该组织致力于改变政府的服务方式，促使成员行政机构和管理部门、民间组织、公民项目负责人参与到开放数据的行动中来，分享各自的经验和资源，为研究机构观察和分析开放数据的行动及影响提供帮助。

2012 年 5 月 29 日，联合国"全球脉动"（Global Pulse）计划发布了《大数据开发：机遇与挑战》，阐述了各国特别是发展中国家在运用大数据促进社会发展方面所面临的历史机遇和挑战，并为正确运用大数据提出了策略建议。多个国际组织从 2018 年起开始增设数字经济相关领域的合作谈判，如世界经济论坛、经济合作与发展组织（OECD）、亚洲太平洋经济合作组织（APEC）、世界贸易组织（WTO）、二十国集团（G20）和金砖国家（BRICS）等都在大数据发展、个人信息保护、网络安全等领域发布了报告或推进相关规则谈判，开启新一轮的国际关系调整。

美国是最早开始重视数据资产的国家之一，美国重视数据资产是从开放数据工作开始的。1966 年，美国颁布的《信息自由法》明确了对政府信息资源的获取和利用是公民的权利，奠定了美国政府数据开放的基础。

在数据管理上，美国卡耐基梅隆大学软件工程研究所发布了数据能力成熟度模型（DMM）。通过 DMM 企业可以评估其当前数据管理能力的状态，包括但不限于能力成熟度、识别差距和改进指南等，并且根据评估结果定制数据管理的实施路线图，以提高企业的数据管理能力。

美国在《大数据研究和发展倡议》中提出，数据将成为国家核心资产，并且在信息资源公开和政府信息共享方面也出台了《开放政府数据法案》《美国开放数据行动计划》和《联邦数据战略与 2020 年行动计划》等大量政策措施，促进了数据资源整合共享。

2015 年至今，我国先后出台了一系列文件，从政策、技术等方面为数据资产的发展提供保障，包括《国务院关于积极推进"互联网＋"行动的指导意见》《国家信息化发展战略纲要》《关于构建更加完善的要素市场化配置体制机制的意见》等。

2015 年 9 月，国家发展改革委有关负责人就《促进大数据发展行动纲要》答记者问时明确指出，推动我国政府数据开放共享仍存在"法规制度不完善，缺乏统一数据标准等问题，尤其是数据开放程度较低，存在着'不愿开放、不敢开放、不会开放'数据的问题"。

2016 年，中国作为 G20 主席国，首次将"数字经济"列为 G20 创新增长蓝图中的一项重要议题，峰会通过《二十国集团数字经济发展与合作倡议》，为世界经济创新发展注入新动力。

2017 年，党的十九大报告提出，要"推动互联网、大数据、人工智能和实体经济深度融合。"

李克强总理在 2018 年政府工作报告中，也多处提到数字经济相关内容，进一步突出了大数据作为国家基础性战略性资源的重要地位。

2019 年 10 月，十九届四中全会审议并通过了《中共中央关于坚持和完善中国特色社会主义制度　推进国家治理体系和治理能力现代化若干重大问题的决定》，首次将数据作为生产要素参与分配，标志着我国进入"数字经济"红利大规模释放的新时代，数据作为生产要素的价值，体现在投入、产出和分配各个阶段。

与此同时，数据资产化面临着标准不统一、"数据孤岛"现象严重、数据资产权益意识淡薄等问题，虽然各国政府出台了一系列政策进行方向性指导和建议，但是相关的管理标准、指南和管理体系在执行落地过程中遇到了诸多问题。

出于安全、利益及观念等诸多因素考虑，很多组织将数据资产当作自身核心利益的诉求手段之一，同时各组织间选择的信息化改造方案不同，导致数据元、数据标准及数据质量的要求各不相同，这是数据共享很难达成的根本原因。

例如，在 2019 年初的腾讯与抖音、多闪之争中，腾讯表示，腾讯用户在注册账号时同意的《用户协议》中就有约定，微信和 QQ 的头像、昵称、好友关系等数据的所有权归属腾讯，因此没有腾讯授权，即使用户同意，也不能使用微信、QQ 账号直接登录抖音或者多闪，造成用户使用的极大不便。

从企业经营的角度而言，构建类似的"商业壁垒"无可厚非，而从社会经济发展和用户体验提升的角度而言，各国政府已经意识到了相关问题的严重性，并通过更细化、更有力的行为准则和监督机制，使数据的所有人、控制人、使用人得到更佳的使用体验。

有人基于新制度经济学的科斯定律分析，认为在交易费用为零或足够低的情况下，不管数据最初的主人是谁，数据都会流向价值最高的用途。通俗来说，就是"谁把数据用得好，数据就归谁"。但这一界定路径具有极强的功利主义色彩，说服力有限。还有人认为一切个体生命及身体所衍生、产生的"财产"，无论是言论、稿件，或是个人指纹、脸部信息，还是浏览记录、购买记录，都为个人所有，而非这些行为发生的场所或平台。该观点从自然法的角度去界定产权，逻辑显然更加清晰。

我们也可以这样理解：数据来源是一切可以被采集到数据的源主体，既包括自然人、法人和非法人组织等市场参与主体，又包括河流山川、商品建筑等一切客观存在的事物，数据的所有权始终归属于其源主体。

健全数据产权制度是保证数据业健康发展的重要前提，推进数据要素市场化改革的基础，实现数据要素由市场评价贡献、按贡献决定报酬的关键。当前，数据确权原则尚不清晰，流通、共享、交易、监管等环节的制度性建设刚刚起步，数据治理缺位、越位、错位现象时有发生。

因此，当前时代呼唤更多有担当的企业家，把握时代的机遇，通过合理、合规的设计思路，进行数据资产商业化，配合政府的监管，服务于用户、产业链及价值生态网络，推动整个社会经济的发展。

5.2.2　数字资产权益的流通

毋庸置疑，数据已经成为驱动经济社会发展的新生产要素。从世界范围看，人类生产和生活的全领域和各环节，无时无刻不在产生数据、利用数据。数据要素市场已经初步形成，数据要素的应用场景正在加速拓展，其对提高全要素生产率的作用更加凸显。

同时，数据资产权益的商业化实现，涉及政府、企业等多个组织，对于政策引导、相关法律健全程度、公众认知程度都有较高的要求。从短期来看，政府主导的方式有利于集中资源快速完成初期基础设施的建设，使其能够快速投入使用，更方便进行监管；从长期来看，这种方式难以形成均衡的商业生态和市场环境，不利于长期发展。只有企业通过数据资产权益设计相关商业模式，配合政府监管的方式才是数据资产化权益有保障，能更好造福社会、推动经济增长的最佳方式。这就需要企业基于自有数据资产设计相关商业模式，通过大数据、人工智能相关的企业中台或撮合平台，合理、合规地构建数据资产相关的服务、交易流程。

当前市场上最典型的数据资产产品就是知识产权类的，如书籍、音乐、影视等，这类产品沿袭了实体商品的商业化运营方法和确权机制。以音乐产品为例，相关商业产品从原来的胶片、磁带，随着互联网技术的发展被数字化，现在可以在音乐播放平台进行传播和流通，版权制度也在原有的基础上进行了完善，整体规则没有发生太大的变化。

另一个数据资产应用的有效场景在金融领域。在现代货币的交易模式中，银行承担了电子转账、资产托管等第三方服务。因为不同银行相关结算的流程不同，在推行数字化之初，不但效率极低，而且资金占用量极大，造成整个社会经济体的运作效率低。

基于数据资产的区块链技术能够有效减少传统金融机构业务流程中烦琐的环节，同时大大降低了其中的确权风险。根据麦肯锡的预测，通过区块链技术改造的跨境支付和结算业务可以节约高达 40% 的成本，进而减少手续费。应用区块链技术后，一是免去传统金融业务在发起申请时需要的人工干预，区块链可以自动化处理，不受时差限制；二是审批不用依靠人工验证，区块链由于信息透明无须第三方介入，降低了系统风险。

目前，我国商业银行应用区块链跨境支付技术的案例较少。2017年 3 月，招商银行应用区块链直联跨境支付技术，帮助南海控股有限公司通过永隆银行向其在香港的同名账户完成跨境支付。同年 9 月，招商银行利用区块链分布式管理特性，将上海分账核算单元作为一个独立的节点，直接联通境外清算行，完成了首笔自由贸易区块链跨境支付业务。招商银行的区块链跨境清算平台主要应用于跨境直联清算、全球账户统一视图以及跨境资金归集三大场景，通过打破总行和海外分行之间在中心化系统下的业务隔阂，有效提高了业务处理时效和交易效率。2018 年 8 月，中国银行自主研发的区块链跨境支付系统完成了首尔与河北雄安新区两地间客户的美元国际汇款。[⊖]

2017 年 6 月，阿里巴巴发布服务于品牌的品牌数据银行，是国内首个实现品牌全域数据资产管理的平台。据阿里巴巴集团商家事业部总经理张阔介绍，品牌数据银行能够实时回流沉淀品牌在线上线下和消费者的每一次互动，追踪品牌消费者的全链路状态，并在阿里巴巴的大生态体系内激活、应用，帮助品牌持续累积消费者资产，催化品牌与消费者关系。

⊖ 张雪. 区块链在商业银行跨境清算中的应用研究 [D]. 保定：河北金融学院，2018.

与此同时，品牌数据银行还为品牌商提供了自主运营消费者数据的阵地，帮助它们实现消费者的生命周期管理优化，打通内外部消费者数据，沉淀数据资产，激活数据价值，支撑阿里巴巴全域营销。品牌数据银行本质上是基于生态消费者行为的数据呈现与应用，其数据源于生态中的两大参与者：品牌商和品牌消费者，天然解决了传统数据平台"如何收数据，如何售数据"的问题。

阿里巴巴的品牌数据银行基于品牌商需要阿里生态数据助力自身精准营销以及广告投放，以降低运营成本的实际需求，吸引品牌商主动上传运营数据。阿里巴巴通过沉淀和积累的海量消费数据，向品牌商提供加工、分析数据的增值服务。增值服务一定程度上可以规避数据隐私、确权问题，同时，出售相关分析结果或报告又一定程度上解决了数据定价问题。

为了吸引品牌商主动自传线下数据，将品牌及品牌消费者的数据视为资产，给予其"价值"，像货币一样进行储蓄和增值。品牌商还可以将自有数据与阿里巴巴独有的 Uni Identity（阿里巴巴的统一用户身份去标识体系）匹配，融合 CRM、电商数据、广告数据、媒体数据以及阿里生态里的社交属性数据，消除"数据孤岛"，实时融合成品牌自己的数据资产。

据阿里巴巴资深产品专家毛波透露，在品牌最为关注的激活和应用环节，品牌数据银行提供了多元营销场景的无缝连接，实现阿里生态全媒体、全渠道的应用和激活。"所有数据都将回流到品牌数据银行，用于反映每个真实消费者在阿里生态中与品牌的每一次互动。"毛波表示，除了阿里妈妈的广告渠道之外，还有天猫的营销渠道（超级品牌日、试用中心、聚划算等）、粉丝趴，旗舰店"千人千面"等消费者运营渠道，真正实现全链路、全媒体、全渠道的消费者催化。

当前，越来越多的企业开始把数据资产的权益开放出来，通过产品化、平台化等方式，将数据资产权益的流通过程中的商业化能力进行释放。

5.2.3　数据资产的评估

随着大数据、人工智能被越来越广泛地应用到人们实际的工作、生活中，数据资产的评估受到越来越多的关注。数据是否"有用"，是否"好用"，"能不能用"是其中的热点话题。

关于数据本身是否存在价值，这需要先了解数据是否客观体现了现实世界中发生的具体行为或状态。如果数据缺乏真实性，那么这个数据就是无用数据，没有任何价值可言。

在数据具有价值的前提下，就要思考相关数据是否满足使用者的需求，即该数据或数据集，能否真实解决使用者在相关场合下的实际需求。如果不能满足使用者的需求，那么这个数据对于使用者而言就是无用的。

若数据有价值且满足使用者需求，能够给使用者带来明确的意义，那么这个数据就是"有用"的数据。但是如果使用该数据的制约条件多或者短期获取难度大，甚至根本无法实现，又或者相关投入大于收益，那么这个数据也会被认为是无用的。

数据是否"好用"决定数据本身的价值。如果数据能够十分方便且准确地被获取与编辑，甚至能够直接应用到相关分析与决策参考，那么可以认为它是"好用"的；通过该数据可以很有效地满足某个预设期望，解决某个实际应用的需求，那么也可以认为这个数据"好用"。

数据除了"有用""好用"，最重要的还有是否"可用"。使用者或者设计相关数据权益流动的负责人，需要确认该数据的权属及是否涉及伦理、隐私等方面的问题。如果没有数据拥有权、分享权，会侵犯到商业或者个人权益，那么这种数据是不能够使用的。

另外就是是否有该数据的访问权限，不论是政府机关还是私营企业，部门与部门之间还存在着大量的"数据孤岛"，相关数据权限把握在不同运营商或者决策机构手中，这样难以获得的数据虽然客观存在，但是不能够被有效运营。这也是数字经济时代企业推进数字化转型时要解决的核心问题之一。

数据资产与传统资产不同，数据由物理世界实际发生的动作或物体属性，或者数字世界相关行为得来，因此相关的类别和定义千差万别，当前也很难有效地进行标准化定义。同时数据资产具有无形性、流动性、长期性等特点，且使用者不同时间段的使用目的可能完全不同，因此数据资产作为一个全新的资产类别，在交易过程中对于其价值评估的方式完全不同。

当前，资产评估方法主要包括市场法、成本法、收益法及它们的衍生法。因此在很多场景下，数据资产价值的评估沿用了市场法、成本法、收益法的评估手段。

市场法是指将市场上相同或相似的资产作为比较对象，分析比较对象的成交价格和交易条件，通过直接比较或类比分析进行对比调整，估算出被评估资产的价值的方法。使用市场法进行资产评估时，需要一个充分活跃公开的交易市场，能够获取相同或相似的资产交易价格和相关指标。

成本法是指先估测被评估资产的重置成本，同时估算已存在的各种贬损因素，而后在其重置成本中扣除各项贬值，进而得出被评估资产价值的评估方法。使用成本法进行资产评估时，被评估资产应是可再生或可复制的，随时间推移、价值贬损，对被评估资产的特征、结构、功能等方面要有充分准确的认识，并且被评估资产必须与假设重置的全新资产有一定的可比性。

收益法是指通过测算被评估资产未来预期收益值并折算成现值，进而确定被评估资产价值的资产评估方法。使用收益法进行资产评估时，需要被评估资产的未来收益、未来风险及预期获利年限可以预测或计量。收益法较适合整体资产评估和以投资为目的的资产评估，侧重考虑资产的未来收益能力。[一]

由于数据资产的多样性和复杂性，不同的数据资产可以选用不同的价值评估方法进行价值评估和确认。数据资产价值评估有其特殊性，现有评估方法及其衍生法还不能完全满足所有数据资产价值评估的需求。而且数据资产在计量计价、流通交易等方面仍存在诸多问题，因此需要设计针对特殊要求的数据资产价值评估模型。[二]在设计数据资产价值评估模型时，不仅需要考虑数据资产的内在价值（特别是数据质量因素），还需要从商业价值的角度考虑数据是否有用、是否够用、是否可用、是否好用等。[三]

数据已经成为新时代的"资产"和经济驱动力，展现在整个社会面前。想要像我们使用水、电、煤气那样方便地使用数据，需要更多组织参与其中，共同推进，以促进经济与社会的进步。

数据资产化作为社会进步出现的新趋势，其发展必然将经历一系列波折。从当前的结果看来，数据作为资产被交易，还有很多问题需要解决。首先是政府和公众对于数据资产的认知需要提高，需要一种新的监管技术和监管形式，完成商业权益、公众权益和政府监管的多方共赢。

[一] 肖翔，何琳.资产评估学教程 [M].北京：清华大学出版社，2006.
[二] 叶雅珍，刘国华，朱扬勇.数据资产化框架初探 [J].大数据，2020，6(3):3-12.
[三] 叶雅珍，朱扬勇.数据资产 [M].北京：人民邮电出版社，2021.

转型升级的路线图

从技术人员的视角看数字化转型，会涉及技术路线图、产品路线图、实施路线图等。这里的路线图更多的是"计划"的意思，基于目标把未来要做的事一个个列出来，按一定的逻辑规划，直至某个目标达成。因为，这个过程就好像沿着地图路线一步步走到终点一样，所以我们也将其称为"路线图"。

从企业经营者的视角，首先要明确企业的现状：明确企业经营者的信念与价值主张，其次是当前资源、业务构建的商业模式中，在战略、组织、文化相关规划中有哪些需要进行转型的点，如图 1 所示。

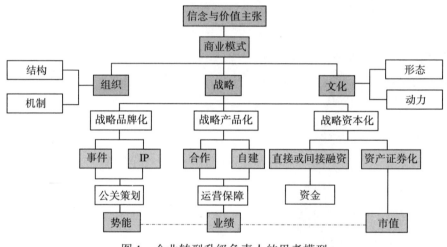

图 1　企业转型升级负责人的思考模型

相对于信息化改造，企业数字化转型升级负责人不能按照过往成功经验惯性推进，仅从降本增效、开源增收、数据处理与可视化处理的视角进行思考，或者用拿来主义的心态，直接照搬同行业或者领先企业成熟的解决方案。只有基于企业自身的存量及现状，通过洞察全局的方式制定转型升级的战略定位，并通过组织再造的方式才有可能完成企业数字经济时代的转型升级。

在梳理企业业务现状、团队与合作伙伴能力现状期间，需要转型升级负责人对团队的数字化经营的理解进行评估，并对企业内外部环境进行分析，进而预判通过怎样的手段进行数字化转型。

从企业经营者的视角看企业转型升级的路线图，要从技术创新带来的企业商业价值体现的角度思考路线图的相关方法论和思维工具的使用。路线图相比数字化转型设计，更需要一种综合且系统的考量，要将影响、制约企业发展的要素放在一起充分分析、通盘考虑，明确企业发展的现状、面临怎样的问题，以及如何找到企业迎合时代发展沟通中应该构建的目标，如图 2 所示。

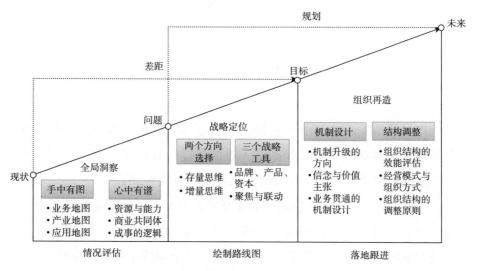

图 2 企业转型升级的路线图

本篇从企业转型升级负责人的视角，基于宏观的思维模型，通过全局洞察、战略定位及组织再造等实际方法论，让读者能够有序、有效绘制企业转型升级的路线图，完成数字经济时代需要的资源整合与能力构建。

第 6 章

全 局 洞 察

　　市场竞争要求卓越的企业经营者既不墨守成规又能洞见全局，既眼界开阔又对身边事情了如指掌，进而才能针对企业发展的决策与面向未来的转型升级绘制出切合时代实际要求的路线图。

　　"全局洞察"企业的信息与概念基础，也是企业战略定位的行动前提。只有"洞察"企业内部的资源、能力禀赋与运作机制，以及外部市场竞争的环境演变与要求，才可能分析出企业战略定位的总体框架，进而深度寻找企业的战略目标。

　　本章从企业分析的角度，让读者在推动企业转型升级的过程中，化解固有经验带来的偏见，通过绘制产业地图、业务地图、应用地图，获取企业内外部环境的实际情况，在保证知情的情况下，定性解读企业自身的资源与能力结构洞、存量与增量的业务选择，并明确未来发展中最好合作伙伴的画像，做到"手中有图""心中有谱"。

6.1 手中有图

从企业经营的角度来说，每位企业的经营者心里都会有若干张图，这是经营企业必备的能力。不过这些图大多数是根据过往的经验和离散的认知绘制的，因此只能做到对全局的大概描述，难以细化地系统解读。企业数字化转型升级要绘制的三张图如图6-1所示。

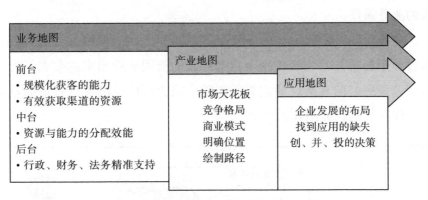

图6-1 企业数字化转型升级要绘制的三张图

企业确定战略定位之前的首要工作，就是要结合企业自身业务及技术应用的实际情况，明确自身的资源与能力绘制相关业务地图，系统地分析企业当前所在产业、行业科技创新与市场竞争最新发展情况的产业地图，并且在为未来发展方向做好决策的基础上，依据梳理的情况绘制企业转型升级相关的目标及布局，明确需要构建的能力及目前缺失情况，并通过应用地图对创新、并购、投资的落地决策进行参考。

本节从企业需要战略定位的实际角度出发，洞察全局、手中有图，通过明确的方法论和实操案例，让读者掌握绘制自身企业业务地图、产业地图和应用地图的方法，明确企业所在产业，未来业务可能发展的方向，以及行业、市场的格局及自身的位置，并为进一步执行落地搭建好框架和执行路径。

6.1.1 业务地图

我们经常提到业务，那么业务到底是什么？很多企业通常将业务定义为销售的事务。实际上，业务是企业中各个人员要处理的专业事务。行政、财务、法务、管理乃至编辑、设计、产品、运营都有其专有的业务属性。

业务地图：根据企业自身经营的协作流程，按照特定的逻辑关系，通过简单的符号及连接将企业自身经营的流程表达出来的形式。为了方便读者更好的理解，我们先用当前应用比较广泛的零售行业的业务地图作为示例，如图 6-2 所示。

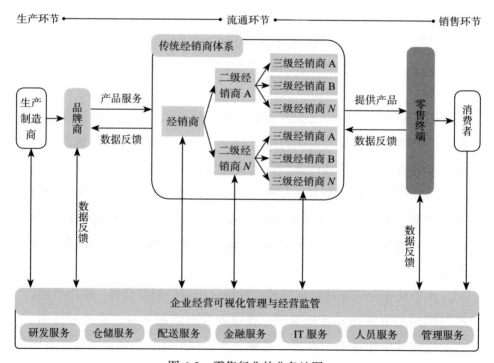

图 6-2   零售行业的业务地图

根据《统计用零售业态分类目录》定义，零售业态是指零售企业为满足不同的消费需求进行相应的要素组合而形成的不同经营形态，从总体上可以分为有店铺和无店铺两类。伴随社会经济环境的发展，不同经济环境下的零售行业普遍都需要历经集贸式零售、连锁店式零售、电子商务式零售到新零售的发展阶段。2003 年淘宝成立，标志着中国电子商务式零售时代的到来，电商平台涌现，开启多渠道运营。延展出来的所谓新零售的概念，其特征是将原本单渠道或若干渠道向全渠道化发展，更重视渠道的融合和消费者体验。

不论时代怎样发展，零售行业经营者都将核心竞争力聚焦在供应链、店铺、用户、商品及销售渠道五大模块，同时关注数字化中台、整合型解决方案、零售数字化领域的新技术应用。

据商务部数据显示，实体零售企业约有 87% 的商品雷同，距离成为消费者选择的第一要素。相较于价格、环境等因素，消费者最在意的是距离的远近。然而当前实体零售企业过密，凭借距离可覆盖的消费者正在急剧减少，实体零售企业如果不进行全渠道营销，覆盖范围或仅限于周围一公里，如果不能洞察消费者喜好，则会在激烈的行业竞争中被淘汰。

零售行业的业务流程总共分为生产环节、流通环节和销售环节，涉及生产商、渠道商、零售终端及消费者四大角色。随着数字经济时代的人员在线、产品在线、管理在线、服务在线的现状，每个角色都在通过互联网工具做到以自身价值最大化为前提的变化思考与抉择。这里我们基于实体零售行业的业务地图进行相关价值描述，如图 6-3 所示。

任何组织的业务流程和关注点都各不相同，我们举的实体零售行业这个例子，重点关注选货、供货下决策、人和运营的效率。实体零售行业的经营者都有比较有优势的商品数据库和供应商数据库，但大部分都没有做到基于用户画像反推构建自身的商品画像和供应商画像。

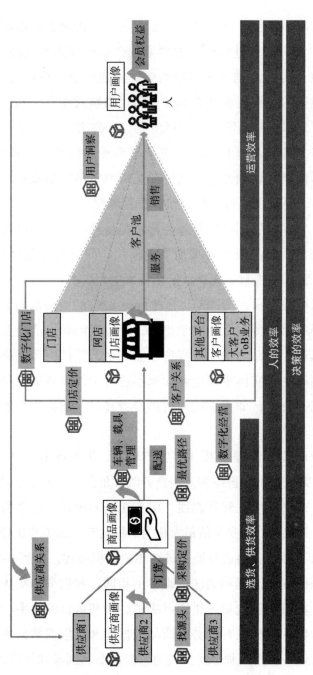

图 6-3 实体零售行业的业务地图

据我们这十余年服务企业的经验，大部分企业都在关注自身的门店管理、大客户经营，相关信息化改造也是基于门店的人、货、场进行的效能与规模化提升。这些也是头部以下企业最应该关注的事情。而一旦实体零售企业在产业中具有一定的话语权，成了头部企业，自身门店与员工的数量到达一定规模之后，一定要通过业务地图找到自身竞争力的制高点。这时候就需要思考采购定价权的优势，以及配送、仓储的优势。这里展示一个区域头部的实体零售企业的业务地图（见图 6-4）。

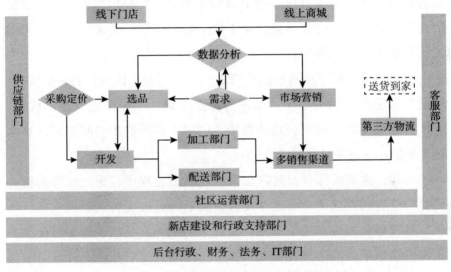

图 6-4　某区域头部实体零售企业的业务地图

2021 年我们参与了一个区域头部的大型连锁零售企业数字化转型的顾问工作，这是一家经营了 20 余年并在区域内拥有数百家门店的上市公司，在面对国外成熟的连锁超市竞争和国内同行业竞争过程中，其凭借自身的韧性、绝佳的门店成本控制以及良好的企业文化站住了脚跟，现在却被各种依靠互联网技术、互联网思维的企业通过数字化营销及资本溢价的"降维打击"，压制得越来越喘不过气，收益和市值持续下降。

我们一再强调，就算是相同行业、相同水平的企业的核心资源和能力都会存在显著的不同。在对这家区域头部的大型连锁零售企业通过初步评估和业务地图绘制之后，我们发现这家企业有一个典型的存量优势：因为是上市公司，拥有一定资本杠杆的基础，虽然难以和行业领先的互联网公司在资本溢价上进行对抗，但是足以碾压区域内其他实体零售企业。同时它所拥有的数百家超市，大部分都在同一个城市且拥有成熟的物流、仓储体系。

如果是在工业经济时代，企业的核心是赢、是垄断，而到了数字经济时代，在构建自身核心竞争力的情况下，想要实现数据资产价值的提升，核心就是合作共赢。基于这个底层逻辑，这家企业核心考虑的应是能否与原来的竞争对手共创、共赢。

经过调研分析，最终我们建议该上市公司基于区域性的采购优势，构建本地生鲜采购的壁垒，通过与就近生鲜产品原产地合作的优势，对抗行业头部的互联网公司的竞争。同时，将采购用户瞄准同区域内体量稍微小一些的连锁超市。

这样，这家头部企业通过在数字化转型过程中，聚焦自身的核心优势，节省相关选品、渠道开发人员及后台行政支持人员的人工、物业、管理等相关成本近千万元，又将采购来的高品质、低客单价的产品销售给区域内的小型零售超市（这些腰部乃至草莽企业自身由于信息化改造的成本高难以构建新的体系）。在通过合作获得优质优价的商品之余，也节省了内部在人力资源方面相关的成本投入。

同时，为了降低生鲜商品的损耗，该企业还需要优化自身仓储、配送的数字化能力，确保采购到的商品能高效触达自有及合作门店。按照这一规划，该企业本身的经营成本将大幅度降低。在构建壁垒的同时，又与区域内的同行业企业构建了良好的商业合作关系，既将原来的竞争对手变成合作伙伴，又依靠这些合作伙伴的采购能力做到把控区域生鲜原产地的商品，进而构建了全新且共赢的价值协同网络。

数字经济时代企业的转型升级，对于实际负责人对其数字技术在未来商业环境中发展的潜力和可能的判断能力要求非常高。这看起来是很简单的战略选择，却与转型升级实际负责人对于业务地图的绘制乃至全局洞察的程度都有巨大的关系。

企业的转型升级之路注定不会像最开始规划的那样顺利，在此期间必然会碰到来自内部及外部的各种难题。就比如这家区域头部零售企业，在内部发展方面，在业务顺利增长的阶段，它构建了强大的新店建设及行政支持部门。而在业务地图和战略框架确定之后，这个部门在企业未来的规划中价值大幅下降，从情感和人力资源的有效应用等角度需要考虑取舍。在外部合作方面，虽然企业自身的规划在逻辑和利益分配上没有问题，但是毕竟要将区域内原本竞争对手的核心价值把握在手中，这些企业是否愿意合作，如何确保这些腰部乃至草莽企业的利益，消除它们的顾虑，执行上有着非常多的细节工作需要规划和思考。

在数字经济时代，每个企业的转型升级之路都不会顺利，必然会遇到很多"坑"，甚至很多"坑"都是自己挖的。这是对企业实际负责人的巨大挑战，只有通过全局洞察的方式，明确企业业务必然要发展的方向和目标，鼓起勇气、义无反顾地去"挖坑自埋"，才能开辟出一条属于企业、赢在数字经济时代的道路。

6.1.2　产业地图

产业是每个企业经营者、分析师及专业人士常挂在嘴边的词语，但是并没有很多人深刻地理解了其背后的深度含义。复旦大学经济学首席教授苏东水于2010年出版的《产业经济学》中这样定义：产业是社会分工和生产力不断发展的产物。产业是社会分工的产物，它随着社会分工的产生而产生，并随着社会分工的发展而发展。在远古时代，人类共同劳动，共同生活。

在中国，第一产业是指农、林、牧、渔业；第二产业是指采矿业，制造业，电力、燃气及水的生产和供应业，建筑业；第三产业是指除第一、第二产业以外的其他行业，可以按下面四个方向归类：

- 流通部门，包括交通运输、邮电通信、商业、饮食、物资供销和仓储等行业。
- 为生产和生活服务的部门，包括金融、保险、地质普查、房地产、公用事业、居民服务、旅游、咨询信息服务和各类技术服务等行业。
- 为提高科学文化水平和居民素质服务的部门，包括教育、文化、广播、电视、科学研究、卫生、体育和社会福利等行业。
- 为社会公共需要服务的部门，包括国家机关、社会团体以及军队等。

本书描述的产业地图模型基于共识产业的定义，延展到产业链维度，结合我们十余年来服务企业的经验总结而来：我们发现每个相对成功的企业，所在的产业在政策、技术、资本等要素中都充满了巨大的活力。因此当我们去洞察企业下一步发展机会的时候，都会去绘制该企业所在产业的地图。

产业地图：从企业所在产业及产业链中，根据相关的市场、模式、格局和位置描绘产业的格局、企业的位置和边界，并且找到要素在整个产业中释放出活力的原因，进而规划出企业下一步发展的方向。

企业产业地图的绘制是基于业务地图绘制出核心竞争力及发展方向的，通过产业地图寻找当前企业发展规划方向上的对标企业，找到相关市场天花板、净增格局、商业模式及利润。

为了便于读者理解，这里我们采用农业生产相关的业务地图及产业地图作为示例。农业产业链的业务地图包含农业生产服务（产前、产中、产后）和农民生活服务两个维度的产业链全过程，如图6-5所示。

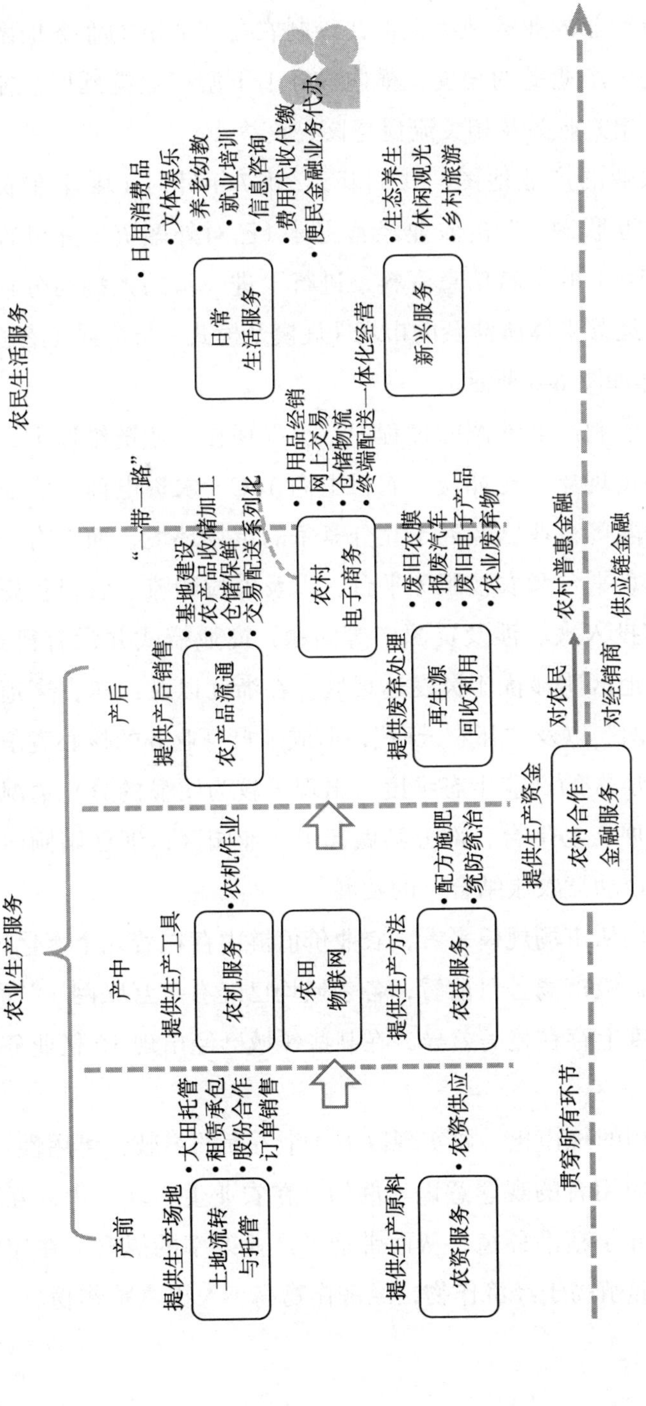

图 6-5 农业产业链的业务地图

和零售行业的业务地图类似，绘制农业产业链的业务地图也非常简单，从整个产业链的角度，横向贯穿上下游产业链延展，梳理出农业生产所有相关业务及相关流程与核心收益。

关于农业的产业地图，我们基于 2017 年针对 178 家在农业产业链中涉及"互联网＋"的农业经营主体（已对外融资，并可查相对完整的公开信息）的文献信息资料，进行了进一步的挖掘与分析，来探究当下农业经营主体所涉及的市场（规模及模式）与格局（渗透与竞争情况），具体如图 6-6 所示。

我们在绘制产业地图的过程中，会发现在产业链维度上，出现了明显的不均衡现象。比如说，农村电商 ToC、农资电商、农业物联网及供应链金融等行业已经处于充分竞争的市场环境，而在有千亿级市场的农技信息平台和农技服务平台，以及农村物流、农村传媒等市场因基础设施投入大、涉及资源广等问题，商业模式并没有得到验证。另外，发达地区明显优于欠发达地区。在浙江以及山东，当地的龙头企业"赶街网"以及"祁农云商"，形成了自身业务的核心竞争力。

在更深层次的产业生态维度，出现了较为明显的分化情况。山东更倾向于发展交易平台，部分县做起了产业园区；浙江则倾向于思考区域经济，带动"农旅结合"的发展。

最终我们从市场规模来看，农业价值链中存在着几个万亿级市场，还有数个百亿级市场。目前看，各领域均已经有"互联网＋"的应用，但在渗透程度上存在显著差异，在某些领域已经出现 10 亿业务体量的企业。

技术应用的规模化，要实现以下 4 个方面的突破：可用性、价格、应用效率、应用者的观念意识。例如，在农业生产环节中，互联网技术的运用指导了精准种植，从而带动了产业效率的提升。在应用成熟度上，畜牧养殖高于经济作物，经济作物高于大田主粮作物。

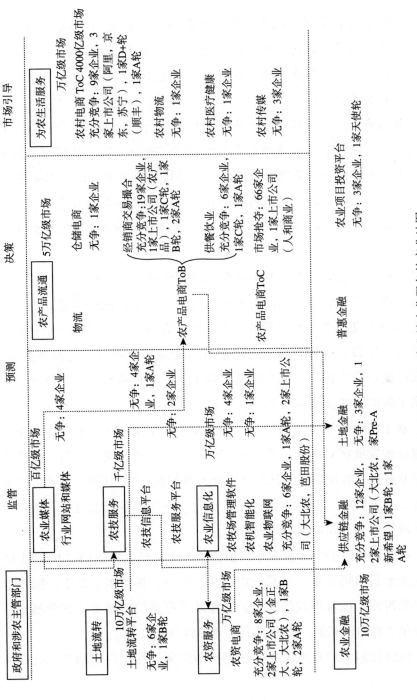

图 6-6 "互联网＋"农业社会化服务的产业地图

同时，我们发现农民生活中的互联网技术运用，比例已经较高。例如，几乎所有的地区，农民均已能运用互联网获取信息，甚至进行网上支付。但是，互联网技术在农业价值链中的运用，整体的渗透水平均目前不足15%。

电商平台已经贯穿了几乎所有的价值链，农资电商平台、农产品电商平台、农村消费服务电商平台已经到了充分竞争，甚至市场抢夺的状态，单纯在农村消费服务电商平台领域就有3家上市公司（淘宝、京东、苏宁）参与其中。这与我们在5省调研的结果非常吻合，在每个地方的信息服务工作站，基本上能够看到有至少2～3家电商平台入驻。

而在农业服务环节，目前互联网技术的渗透水平较低，这主要与产业周期有直接关系。我国的农业服务业的产业化刚刚兴起。农业服务更容易形成规模，更需要科技手段，这方面会发展很快，但目前仍处于起步阶段。当下，各地已经陆续有专业的农业社会化服务公司，为农民提供农资供应、粮食收储、烘干加工等种植解决方案服务，也提供金融担保以及保险等新型服务。

基于农业产业地图的绘制，我们发现"互联网＋农业"的基础设施建设的发展相对缓慢，尚未在产业端带来红利的完全释放。要想实现农业过程与农民消费生活的在线化和数据化，"互联网＋农业"产业发展必然要经历"基础设施—系统平台—服务内容"的过程，目前很多区域仍处于基础设施的建设阶段。

在我们调研的178家农业价值链企业中，绝大多数的"互联网＋"概念企业目前仍处在"产品—市场化"阶段，在资本上处于一级市场的早期阶段。仅有少数的上市公司在基于存量的体系下，思考基于存量壁垒下的增量拓展，以及自身业务的转型升级。

最终我们从产业地图相关的调研与绘制过程中得出结论：我国农

业与已经进入数字化时空旋涡的"其他产业"存在周期差，因此存在着"互联网＋农业"企业巨大的发展空间，而这是通过一整套完整的商业力量与制度政策力量来共同推动的，相关组织在此过程中要分别扮演和承担不同的角色。

6.1.3 应用地图

应用地图：基于企业发展的方向性目标，重新设计企业未来要做到的业务地图，并明确需要补全的能力，使用自创或并投的方式完成落地。

关于应用地图，这里我们举一个 2016 年开始服务的一卡通领域上市公司的例子。其从事智能一卡通系统的平台软件、应用软件及各类智能卡终端的研发、生产、集成、销售和服务业务，是一家面向城市、校园、企事业单位以及银行和电信运营商，提供智能卡及 RFID 技术的各类行业应用解决方案提供商。

这家一卡通领域的上市公司，服务了全国一半以上的高校，是一家典型的产业话语权相对垄断的领先企业。我们早期参与到企业转型升级过程中，首先绘制了其业务地图，如图 6-7 所示。

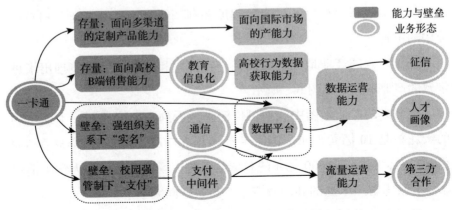

图 6-7 某一卡通公司的业务地图

从图 6-7 中得知，这家一卡通公司有两个明确的存量优势和两个坚固的数据资产壁垒。因为服务了众多高校，所以该企业有着庞大而强大的销售团队，并且深耕地方，能够及时获取高校内相关需求，进而提供教育信息化解决方案，与此同时也能够面向企业、政府乃至其他国家提供标准化和个性化的一卡通服务。

同时，基于高校的环境与背景，这家企业天然拥有高校内学生相关的生活、学习数据，学生必须通过一卡通系统缴纳学费，又形成了使用壁垒。在这种情况下，这家企业可以凭借外部难以获得的数据，为高校学生进行相关的能力画像，甚至通过第三方合作，为学生提供实习、就业以及各类生活服务。

基于该企业业务地图的特点，我们在兼顾一卡通行业特点进行产业地图绘制的同时，将主要精力用于高等教育产业地图的绘制，通过调研 130 余家高校信息化公司、220 余家人才教育服务公司和 120 余家大学生社交与生活服务公司完成该企业的产业地图绘制。

遍历 470 余家企业，基于不同的业务模块和头部、领先企业的竞争格局，我们对所有企业进行了商业模式的识别，进而了解这个行业中的企业可以做什么、不可以做什么。然后，我们对于所有业务板块的市场竞争进行分析，通过竞争程度和利润明确这家一卡通公司在产业中的位置。

基于宏观的产业地图，我们在进行优化和精简之后，整理出了更细致的产业地图，如图 6-8 所示。

从最终的产业地图中我们可以清晰地看到，全国校园一卡通市场的天花板是 10 亿元，而全国一卡通市场在 70 亿元左右，全球在 500 亿元左右，相对于 1500 亿元的教育信息化市场、千亿级的大学生消费市场，仅考虑一卡通的利润及资本，想象空间太小了。

经过多次的讨论，基于产业地图相关的研究和整个企业未来发展的新方向与目标，我们最终确定了该一卡通公司全新的业务地图，如图 6-9 所示。

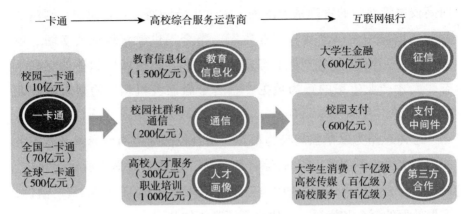

图 6-8　某高校一卡通公司最终的产业地图

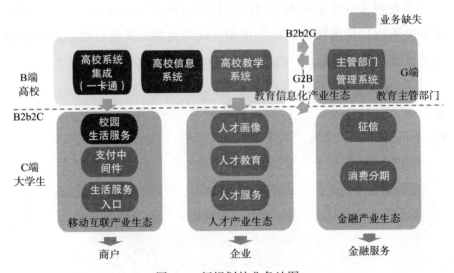

图 6-9　新规划的业务地图

从全新的业务地图中我们明显地发现，原本是核心的一卡通业务，已经变成了一个业务模块——高校系统集成，结合原有的高校信息系统搭建、提供部分校园生活服务，核心是要构建面向高校与大学生的生活服务平台。

　　其中高校端基于院校的信息化系统服务，向教学系统延展乃至向高校主管部门的管理系统渗透。大学生端则通过整合面向生活消费相关的商户构建移动互联产业生态，整合提供教育培训或实习、就业的企业，构建人才产业生态；基于大学生在校场景和移动互联生态、人才产业生态的行为数据，整合金融服务机构，构建金融产业生态。

　　总体思路为以单独高校为单位，整合校园周边消费商圈及有服务能力的企业，构建社区电商综合服务体。以整个大学生群体为单位，通过利用大学生群体的势能价值，做自有社区电商综合体的资产溢价，汇聚外部的资金和资源，构建全新资产主体公司。

　　企业要实现业务地图的目标，其应用地图的绘制尤为重要。因为我们要通过应用地图判断整个企业从规划到落地是以自创还是并投的方式达成。最终我们设计的应用地图如图 6-10 所示。

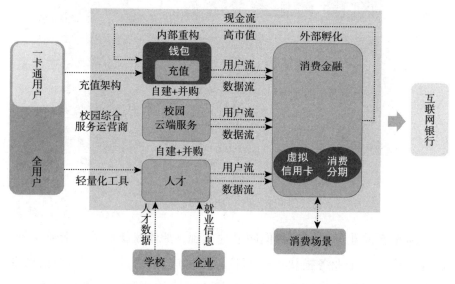

图 6-10　某一卡通企业发展的应用地图

从最终绘制的应用地图可以看出，这家企业从原来提供智能卡及 RFID 技术的各类行业应用解决方案提供商，将要转型升级成为一家面向校园提供综合服务的运营商。

该企业基于一卡通及校园生活服务两大业务应用，以钱包充值及消费业务为核心，延展构建校园云端生活服务及人才服务，并基于用户相关的消费场景及用户数据，构建其消费金融体系、校园互联网银行沉淀能力。

作为核心的钱包业务，其相关数据和资源必须掌握在企业自己手中，因此必须通过内部自创的方式达成；相对重要的云端校园生活服务及人才服务，可以在自建的基础之上，通过投资、并购的方式进行能力的健全及完善，而未来要做到的消费金融场景还可以通过外部孵化的形式进行低成本尝试。

应用地图是企业转型升级负责人手中最重要的一张图，它直接决定了企业未来发展的方向和目标，让企业走在正确的发展道路，并指导企业该通过怎样创新、并购、投资的方式实现企业的目标。

当然，企业转型升级负责人光是手中有图难以对应用地图做出客观全面的绘制，还需要"心中有谱"，明确两个方向的选择，通过三个战略工具的使用，完成最适合企业发展方向的组织再造。

6.2　心中有谱

一个人乃至一个企业，心里没有谱，做什么都会低效、无效乃至起到反作用。不论是做人还是做事，职业规划乃至企业规划，没什么都不能没谱。心中有谱的个人或企业经营者在价值创造的过程中才会靠谱。

不同的企业经营者，基于自身能力、资源、商业模式的不同，在相同行业销售同类产品的时候，其业务策略也会有很多不同：有的求物美，有的求价廉，还有的求用户数量。

不同的企业经营者，基于自身团队情况与最佳实践的不同，在经营企业的过程中会有非常不同的策略选择：有的深度聚焦，只做生产或只做营销；有的多元发展，通过不同于原有行业的商业共同体设计基于价值链，构建多种核心竞争力。

本节主要是让读者知道如何当一个有谱、靠谱的人，并通过资源与能力结构洞的梳理和商业共同体的设计，明确自身及所参与经营企业的核心竞争力，找到寻找最佳合作伙伴和发展的目标的办法。

6.2.1 资源与能力的结构洞

1992 年，罗纳德·伯特教授出版了《结构洞：竞争的社会结构》一书。此书主要描述了通过对人际网络结构形态的研究，分析网络结构与网络行动主体之间利益或回报的关系，即在社会网络中，某些个体之间存在无直接联系或关系间断的现象，从网络整体来看，好像网络结构中出现了洞穴，这就是结构洞。而将无直接联系的两者连接起来的第三者拥有信息优势和控制优势，因此，组织和组织中的个人都要争取占据结构洞中的第三者位置，也就是搭桥者。更通俗一些，所谓"结构洞"就是指社会网络中的空隙。结构洞如图 6-11 所示。

举一个简单的例子，有 A、B、C 三方，如果 A 和 B 有联系，A 和 C 有联系，但是 B 和 C 之间没有联系的话，B 和 C 之间就相当于存在一个洞，A、B、C 之间的关系结构就相当于一个结构洞。A 就可以充当这个结构洞的搭桥者。

中国有一句俗语，"巧妇难为无米之炊"，但对企业家来说不是这样的。既然有人要吃饭，他们就会想方设法去找米，没有现成的米，就去说服别人生产米。

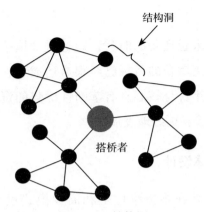

图 6-11　结构洞

著名的政治经济学家约瑟夫·熊彼特曾说：真正的企业家受到三个非利润动机驱使，第一，他们会想要建立自己的私人王国；第二，他们想要征服对手，证明自己比别人优越；第三，他们享受他们的创造性。

现在大多数领先企业的创始人，都有着"填平"结构洞的特点，就如现在如日中天的电商平台，就是抓住了时代的红利，将厂家和消费者之间结构洞"填平"。厂家可以通过电商平台了解到消费市场的需求，平台可以优先得到信息，先得到信息的组织就占有了先机。同时，平台还可以决定把哪些产品推荐给消费者，并通过推荐机制获得相关的收益。

相对于企业或者企业经营者外部的结构洞"填平"，我们更关注企业转型升级过程中，团队里的结构洞的思考与选择。即团队已经明确了大概要前行的方向和目标，这个时候团队内最核心的实力和资源评分可能是 9 分，那么就要找到或培养出同样能力为 9 分的团队成员一起做。

因为两方或多方共同做一番事业的时候，如果结果是 9+9，可能和分开做没什么区别，如果是 9-9 就不如不做，只有 9×9 的选择才值得合作。

在这个信息越来越透明的时代，想通过"填平"外部结构洞进而实现资源或资产快速增长的目标已经很难达成了，这个时候企业只能做好内部工作，构建自身核心且有垄断性优势的资源或能力，才能让企业适应时代的挑战、更好地发展。

6.2.2　商业共同体设计

商业共同体设计在很多维度上和商业模式设计类似，为了读者更好地理解，我们先介绍一下商业模式。哈佛大学教授马克·约翰逊（Mark Johnson）、克莱顿·克里斯坦森（Clayton Christensen）和 SAP 公司的 CEO 孔翰宁（Henning Kagermann）共同撰写的《商业模式创新白皮书》提出了这三个要素：

- 客户价值主张：指在一个既定价格上企业向其客户提供服务或产品时所需要完成的任务。
- 资源和生产过程：即支持客户价值主张和盈利模式的具体经营模式。
- 盈利公式：即企业用以为股东实现经济价值的过程。

在 20 世纪 90 年代开始担任《哈佛商业评论》高级战略编辑，并获得麦肯锡奖的琼·玛格丽塔在《为什么商业模式重要？》一文中，在商业模式这个问题上回答了管理学大师彼得·德鲁克在企业经营时提出的核心问题：谁是你的顾客？顾客看重什么？这篇文章同时还回答了每个管理者都会涉及的一些基本问题：我们在这项业务中如何赚钱？潜在的经济逻辑是什么，即我们如何以合理的价格为顾客提供价值？

我们将其理念进行整理，认为任何一个商业模式设计，都是以企业资源和能力、为客户创造价值的稀缺程度、最终盈利能力为考量指标。

在互联网快速发展的二十年间，我们看到了很多杰出的商业模式。

2000 年，中国移动推出无线增值业务，征集电信增值业务合作伙伴，这一举措拯救了当时面临生存危机的互联网企业，改变了互联网门户网站的盈利模式。互联网企业纷纷开通短信、彩信等定制和推送平台，新浪、搜狐、网易和 TOM 几家门户网站成为中国移动最大的合作伙伴。

2003 年，淘宝不同于易贝入驻平台收费的模式，靠免费入驻店铺及符合中国消费者习惯的方法服务于入驻商家，进而开启了中国电子商务的大门。

2005 年，去哪儿网不同于携程"整进散出"的模式，率先将平台模式引入了在线旅游领域，这种更灵活、更便捷、更便宜的信息获取方式一下子获得了众多消费者信任。

2010 年，奇虎 360 以免费模式进入电脑端杀毒软件行业，不到 200 天就横扫整个杀毒软件市场，互联网的免费商业模式开始令各方人士侧目。同样是 2010 年，中国互联网团队也经历了从无到有、从小到大、从弱到强的发展过程。自第一家团购网站满座网上线，并迅速发展从而引发了"千团大战"。中国的互联网从业者从单纯地模仿逐步发展出中国特色服务，互联网与民众的日常生活领域开始紧密地融合。同年，小米也悄然创立。由于当时部分手机存在种种不便，雷军一句"为发烧而生"，让目标客户参与手机产品的每个功能的建议优化，乃至实际开发过程中，这让小米手机成为很多人共同的"作品"。小米手机也构建了未来 10 年互联网思维的风向标。

2015 年，国内视频行业迎来了新的大发展。互联网公司对于影视版权认识在国家版权局、国家互联网信息办公室、工业和信息化部、公安部四个部门联合开展的"剑网"行动下有所觉醒。美剧《纸牌屋》的火爆，又让争夺流量的视频行业看到了自制剧的魅力和价值，行业从内容播放向优质版权掌控转变。

2016年，共享出行领域通过融资开始了免费骑行、充值返现大战，共享经济成为资本市场的投资热点，从共享单车，到共享充电宝，再到共享雨伞、共享篮球、共享衣橱等项目，似乎都得到了资本的青睐。

2017年，易观发布《中国知识付费行业发展白皮书2017》，阐述2012～2014年微博、微信订阅号等自媒体崛起，商业模式价值呈现的探索期，到2014～2016年移动支付功能逐步完善，消费者养成了互联网知识付费习惯。互联网开始变革，席卷整个知识经济领域，传统的线下培训业根据消费者在互联网上按自身需求进行多频次、碎片化学习的习惯，基于互联网平台开始重塑自身的商业模式。

2018年，区块链的火爆让世人瞩目，各种公链、联盟链层出不穷，也出现了很多不合理的商业模式。相关部门及时出台政策，控制住了整个局势。

2020年，随着新冠疫情的暴发，居家办公一下子让数字化办公成为每个企业不得不面对的问题。

2021年，数字经济一词被越来越多地提及，基于数据资产展开的新的博弈正在进行。

总而言之，在任何行业的网络中，总会出现关键人物或企业试图改变原本的商业模式。在这个变化的过程中，受益最大的一定是网络中的消费者，而作为服务者的企业，面临的是残酷的优胜劣汰。能适应网络的变化速度，及时调整自身经营策略的企业会生存下来，持观望态度、故步自封的企业将被无情地淘汰。

而我们提到的商业共同体设计，即企业要基于互联网机构，构建一种全新的商业协作与价值创造方式，如滴滴、美团外卖通过数字化规则与算法，让人们更灵活地选择自身的工作方式。商业共同体设计模型如图 6-12 所示。

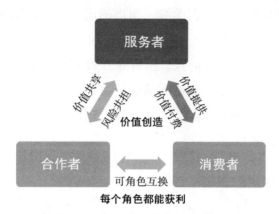

图 6-12 商业共同体设计模型

在这个商业共同体设计模型中，我们摆脱了原本的企业中心化经营概念，基于自身资源优势，构建一个多方共赢的商业协作网络。这里没有任何一个角色是不可替代的，且会在一个相对认同的机制中公开相关的收益，每个角色都能获利。

以打车平台为例，服务者即打车平台这个双边撮合网络的核心资源拥有者，它在撮合合作者（司机）与消费者（打车用户）的过程中，通过提供相关的服务获得收益。在这个双边服务平台上，合作者和消费者是可以角色互换的，也可以为平台创造价值。

这类商业共同体的设计越来越多地应用到服务行业之中。中欧商学院 DBA 课程学术主任黄钰昌教授在"数字化转型：分布式赋能与组织机制设计"课程中就分析了商业共同体，并以一家超市的抢单运营模式为例：原本在社区里跳广场舞的阿姨，前一天可能还是去超市买菜的客户，第二天或许就变身为超市称重的临时工。

据其自媒体公开的数据显示，这一连锁超市动态用工成效显著：人效提升 24%，减少正式员工超过 360 名，店均人力成本减少 10 万元／月，人均工资增加 840 元／月。这样一套利用"动态用工＋移动工具"形成的流程数字化闭环，大大缓解了超市的用工压力，实现了智能化派工，错峰安排基础工作。

由此可见，数字经济时代，所有企业经营者需要通过全局洞察的方式，在手中有图、心中有谱的情况下，结合自身，借助互联网工具更好地进行价值共创的商业共同体设计，进而实现企业数字经济全新价值创造的跨越式跃迁。

6.2.3　企业成事的逻辑

伟大的企业家需要伟大的时代的托举，伟大的时代需要伟大的企业家引领和缔造。在我们经历的众多数字化转型成功的案例中，无一不提这样一个重要观点：企业转型成功的基础，必然是企业实际负责人完成了自身的变化与跃迁。

国务院国资委更是在《关于加快推进国有企业数字化转型工作的通知》中明确提出，"要实行数字化转型一把手负责制，企业主要负责同志应高度重视、亲自研究、统筹部署，领导班子中明确专人分管，统筹规划、科技、信息化、流程等管控条线，优化体制机制、管控模式和组织方式，协调解决重大问题"。

任何企业成事的底层逻辑，都需要实际负责人首先完成自身认知的变革，明确企业迎接数字经济时代的转型升级不是简单的技术升级，或者投入研发成本进行更好的信息化改造，而是要落实于业务变革、组织变革乃至文化变革。在这个过程中涉及企业信念与价值主张下的商业模式、战略乃至组织与文化变革，只有企业的实际负责人推动才有可能成功。

我们看到数字经济时代企业的转型升级需要坚强的组织保障，因为推进企业从原来的关系、经验思维，转变成以数据为核心进行分析、决策的经营状态，将面临组织内因成长出现的巨大不适与反弹，这也解释了为什么那么多企业的数字化转型都失败了：组织内的惯性将竭尽全力地阻挠变革。

企业的数字化转型升级，是一场困难重重的马拉松，业务体量越大、经营时间越久的企业，相关的挑战和问题也会越多。如果这时候企业的实际负责人没有下定决心，亲力亲为地领导团队认知变革，重新分配利益的"蛋糕"，推动复杂且系统性的改变，做好组织内原有利益负责人的工作，也很难克服组织现有且强大的惯性思维，完成企业的转型升级。

企业数字化转型的根本是人的转型，包括引进新人才、新理念，推进原有员工思想认知的持续提升等，而高端人才的大举引进更需要企业的实际负责人的强力推动才有可能落实。企业从外部引入资源和有经验、专业能力的人员时，要避免陷入认为雇用咨询顾问不如直接招聘相关人才，崇拜"经验主义"而交出转型项目主导权和过于依赖咨询顾问导致企业内人员参与度不足这三个误区。

在我们与很多企业接触的过程中，部分人总感觉找咨询顾问就是在找"雇佣军"，比不上自己招聘的全职员工。因此企业往往希望通过招聘的方式来引入人才，而比较抵触咨询顾问。这样会产生以下几个问题：

- 直接招聘的人才在企业内落位后容易产生"本位主义"，即在思考和工作过程中会关注对自己未来产生的影响，从而形成决策和动作的偏颇。
- 企业内部人员在推动数字化转型的过程中容易缺失公信力，进而引起内部团队的抵触。

- 针对转型项目招聘的人员在项目结束后需要有对应的工作岗位，否则容易产生人员冗余的问题。

因此企业可以招聘一些关键人员进入企业作为项目骨干，其余所需人员以咨询顾问的形式引入。在项目后期，视咨询顾问能力和企业需要进行有序引进，这样既可以保证项目过程中的中立性，也不会错失优秀人才。

另外，有些企业过于相信咨询顾问的经验，将对方的建议完全照搬执行。但是每个企业的经营必然有着自身独特的资源、能力，咨询顾问总会有尚不了解的市场环境和产业格局，或者说咨询顾问的经营理念不可能完全解决企业的所有问题，因此不管咨询顾问如何"大牌"、如何有经验，企业都需要坚持"借鉴—思考—论证—落地"的过程，其中：

- "借鉴"的重点在空杯心态，虚心地听取咨询顾问的建议，切忌心怀抵触情绪或者直接全盘接受。
- "思考"是基于咨询顾问的经验和建议，结合企业的实际情况进行思考，形成自己对转型项目的自我思考。
- "论证"是基于自己思考的结果和逻辑与咨询顾问进行讨论，听取咨询顾问的意见，特别是不同意见背后的逻辑。
- "落地"是基于充分讨论的方向开始执行。

关于过于依赖咨询顾问导致企业内部人员参与度不足这个问题，不论怎样权威的专家与企业决策讨论出怎样完美的策略，最终的转型升级落地还是需要内部人员去执行。

在项目开始之初，就应挑选企业内部骨干加入企业转型项目小组，就像蒙牛数字化转型过程中成立转型升级办公室。只有这样才能让小组里的企业内部骨干充分了解组织内转型升级相关的布局与目标，并基于自身的理解，在执行落地层面对可能遇到的问题进行反馈和充分探讨，以保证企业在具体转型落地过程中运转相对顺畅。

以我们十余年服务企业数字化转型的经验看来，决定企业数字化转型成功与否最根本的要素，就是企业的实际负责人是否有谱、靠谱。我们对于企业成事的逻辑有着五大基础要素，如图 6-13 所示。

图 6-13　企业成事的逻辑

企业成事不仅要求企业的经营者能够手中有图、心中有谱，还要有领先的认知、过硬的团队，同时在内部关键的位置和外部产业中有着不可或缺的话语权乃至稀缺的资源，而这些都是基于企业经营者自身最佳的实践得来的。如果这个企业经营者光有领先的认知，而缺乏其他四大基础要素，那么他的事业也无法长久发展。根据我们这些年服务企业的经验，只有同时具备这五大基础要素，企业才能够成事。

第7章

战 略 定 位

　　企业要开展数字化转型，首要任务就是制定数字化转型战略。数字化转型是通过应用数字技术，使得企业在基础设施、产品和服务、业务流程、商业模式、组织间关系或组织网络等方面发生根本转变。[⊖]

　　战略，在我们看来是面临关键阶段的重大抉择时，宏观审视自身如何"做正确的事"，并进一步通过领导和管理让团队"正确地做事"。从另一个角度描述，战略是回答企业发展的边界是什么，要做哪些业务，如何通过内外部管理做到资源的合理配置。

　　全球知名咨询公司麦肯锡为了更准确地了解当今企业所面临的数字挑战，对全球150家企业进行了深入调查，经过对各大企业在数字领域表现的考察，将数字化转型成功的要素归结为四点。

　　⊖ CHANIAS S, MYERS D, HESS T. Digital transformation strategy making in pre-digital organization:The case of a financial services provider[J]. The Journal of Strategic Information Systems, 2019,28(1): 17-33.

- 第一，传统型企业必须仔细考虑可供它们选择的战略。能够在行业中起到颠覆作用的全球性企业始终是少数。而能够借助数字平台，制定实际标准，最终建设整个生态系统的企业更是寥寥无几。95% ～ 99% 的传统型企业必须选择一条不同的道路，这条道路不能只是在既定业务的边缘旁侧敲击，而是要全心全意地采取一套清晰的数字战略。

- 第二，数字化能否成功，取决于能否依据战略培养出相应的数字能力，并达到可观的规模。一旦培养出合适的能力，即便消费者的消费心理和行为不断变化，企业也能适时、适当地做出调整。

- 第三，强大且灵活的企业文化可弥补技术不完善带来的缺陷，而大数据分析、数字内容管理和搜索引擎优化等技术只能是辅助，因为新技术总有不完善的时候。

- 第四，公司需要调整其组织结构、人才发展、融资机制和KPI，让这些内容与自身的数字化战略保持一致。

由此可见，在数字经济时代，企业新的战略定位一定要遵循原有战略定位选择的基本商业逻辑，并保持与原有战略定位和核心优势能力之间的关联性：即新的战略定位要发挥存量资源优势，以此为基础整合并构建数字化转型相关战略性资源的能力，沿着产业链或者细分市场范畴划分的某些基本逻辑或者原则进行筹划。

本章从企业存量、增量两个方向，明确企业应该通过何种方式跨越周期，在完成经营能力跃迁的过程中，通过怎样的战略工作，完成经营节奏规划与实际落地负责人的挑选。

7.1　两个方向选择

无论是任何个人还是组织，想要进一步发展都应做好存量还是增量的选择。个人想要立足于社会，必然要在业务能力、组织能力及人际关系等方面的相关的影响力上有一定的优势。而到了职业生涯的关键阶段，是选择深耕自身的业务、组织能力及人际关系等方面的存量，还是选择"丁"字形的职业发展，构建自身专业能力之上的管理能力、领导能力，并向更多外部网络渗透自己的影响力，则是至关重要。

当组织面临这个选择之时，存量则核心表现在内部的经营效能是否夯实，相对于同行业、同区域的竞争对手能否在成本和效率上占据优势的同时，做到更快、更全、更好的规模化拓展，如果企业的存量不能做到让企业更好地经营，就一定要拓展相关业务边界，即提供更多的业务服务，进而做到业绩和市值的增长，或者面向非原有客户群进行拓展。存量与增量的选择如图 7-1 所示。

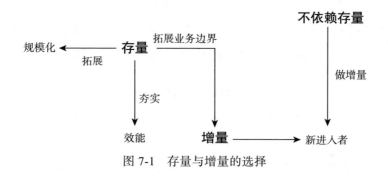

图 7-1　存量与增量的选择

本书中的所有案例，最终的"成功"都是在做好了存量还是增量的选择前提下达成的。本节将思考存量思维和增量思维下，企业跨台阶发展过程中的选择方式，明确企业最为重要的战略定位。

7.1.1　存量思维还是增量思维

2009 年，通用电气（GE）的研发人员向当时的董事长兼首席执行官杰夫·伊梅尔特（Jeffrey R. Immelt）汇报一款有传感器的新型涡轮喷气发动机，伊梅尔特立刻敏锐地认识到两个问题：一是这个发动机产生的数据实际上可能与发动机本身一样宝贵；二是 GE 并没有能力利用这些数据，因为缺乏软件方面的专业技术。

自此，这家拥有百年历史的工业企业开始数字化转型，并清晰地界定目标：GE 必须成为一家全球领先的数字化工业企业。GE 的重心不再是观察西门子这样的主要竞争对手，而是重点关注亚马逊或 IBM 这样的企业。

GE 首先招聘了数以千计的数字化人才，对数字化进行了全方位的研究并采取行动，取消了官僚机构和等级制度，实现了精益生产。伊梅尔特更是指出：" GE 要成为一家数字化服务企业，所有部门都要行动起来。除售卖机器设备并提供保养服务之外，针对物联网整个体系的数字化服务将成为 GE 新的业务领域。"

2012 年 12 月，GE 在旧金山举办的" Minds Machines"发布会上提出了"工业互联网"的概念，伊梅尔特向客户介绍了" 1% 之力"的理念。他认为在电力、石油、燃气、航空、铁路、医疗等领域，效率哪怕是提高 1%，都会收获巨大的利益。比如，在航空商用环节，如果燃油效率提升 1%，15 年会累计提升 300 亿美元的利润；在天然气、火力电力领域，如果节约 1% 的燃料，15 年会累计提升 660 亿美元的利润。为了获得这" 1% 之力"，产业界需要利用数据来改善工业机械的运行效率。

为了顺应技术发展趋势，推进 GE 的数字化转型，GE 开始了传统工业网络的全面升级，其核心价值主要集中在两个方面：一是联网节点数的大量增长，将 GE 遍布全球的航空发动机、大型医疗设备都纳入同一个网络，实现大范围的信息交互；二是构建云端的数据分析系统，对各个网络节点发来的海量工业数据进行深度分析和决策，然后将高价值的信息提炼出来，服务工业客户。

2013 年，GE 开发出基于云计算的软件平台"Predix"，并在不久之后成立数字化部门，提供面向外部的企业咨询及 IT 落地相关的信息化服务。然而在宏大的目标指引及员工辛勤的付出之下，整个 GE 的数字化转型并不成功。虽然它对外宣称其解决方案每年能产生十多亿美元的利润，但是这个数字相对 GE 过去的辉煌却不值一提，作为选择"增量"服务的 GE，并没有在数字化转型中实现企业更好发展的目标。

从另一个角度来看，GE 并没有真正地进行数字化转型，而是通过信息化改造的投入开拓了一个面向外部付费客户的开发服务，同时成立了一个为 GE 自身业务提供软件开发的内部部门。作为一个独立的部门，GE 的数字化部门在成立之初就承担了太多外界的关注和内部营收指标的压力。这对于一个内部没有基于最佳实践构建领先认知的 IT 团队来讲是非常艰难的。GE 看好数据资产价值没有错，但在落地过程中直接选择了增量营收，而非巩固存量效能是其最大的败笔。

数字化转型的范围如此之广，该做的事情千头万绪，我们应该首先处理哪个环节？这里我们认为要把简单的问题复杂化，把复杂的问题简单化。越是看起来简单的东西越能考验人的分析判断能力和归纳总结能力。

GE 的战略发展方向和目标没有问题，却错在了在没有内部落地数字化转型的情况下，意图通过打造一个"优秀"的团队进入一个全新且自身并不擅长的领域。虽然有着最优秀的人才，但是数字化服务领域针对 GE 个性化能力相关的资源、经验是无法在短时间内获得的。

从企业经营的角度来说，GE 想要通过短期的大量投入，在不了解企业文化、机制，缺少优质人才的情况下，短期内将全新的业务产品化、商业化，并快速实现实际业绩乃至利润的增长，是脱离了商业本质的，虽然采用了正确的战略，但是以失败告终。

所谓的大公司病，其症结也在于此。想要依靠过去的存量资源与能力优势，快速成为一个全新领域的领先者，其内部压力、资源协调能力以及相关的组织，都可能是造成在正确的战略之下数字化转型很难落地的根本原因。

面对企业的数字化转型，我们认为要优先对存量团队的业务负责人进行认知评估。

- 我们的业务在数字经济时代能否开展？
- 我们是否对企业情况进行了坦诚的自我评估？
- 面对竞争，我们是否采取了足够的、有针对性的干预措施？
- 为了开展数字化转型，我们是否聘用了人才或者聘请了外脑？
- 我们是否拥有数字化转型的第一手经验？
- 企业的实际负责人是否以身作则参与并推动数字化转型？
- 企业的核心能力在数字经济时代是否仍有意义？
- 我们是否知道怎样能够让企业顺应数字经济时代？
- 企业的所有人员是否正在承受巨大的压力？
- 企业的员工是否做好了数字化转型的准备？
- 企业的核心管理人员是否支持数字化转型？
- 企业的组织壁垒和绩效激励模式是否妨碍了数字化转型的推进？
- 企业是否制订了数字化转型的目标？
- 企业是否明确了数字化转型的落地的行动节奏？

企业经营者针对不同问题，依据同意程度进行打分（1分为非常不同意，5分为非常同意），并思考低分值问题的解决方案。我们从底层技术、业务架构和市场竞争三个维度，获取了企业各业务负责人乃至核心领导者全方面的反馈（见表 7-1）。

表 7-1　企业存量问题的梳理

底层技术	业务架构	市场竞争
我们目前采用的技术和 IT 系统是否非常先进？基于怎样的原则进行的先进性判断？	我们是否充分把握住了数字化机会，正在从根本上改善客户体验？	竞争对手是否正在利用新技术攻击我们的业务模式？
我们是否正在构建新的生态以充分挖掘数字化技术的潜力，从而实现自身的再造？	我们是否构建了敏捷的扁平组织架构？我们是否提倡创新思维？	我们是否正在快速进行新产品的开发，从而实现对对手的赶超？
我们是否正在充分挖掘数字化与高级分析技术在效率提升方面的潜力？	传统行业之间的系统交界地带是否出现了新的利润池？	我们对于新兴数字化技术人才是否有吸引力？我们是否正在有针对性地建立合作关系？

在数字化转型的过程中，企业的经营者在这三个维度中面临各种挑战：

- 关注底层技术的企业在考虑自身的软件系统的能力能否处理新的数据流、资金流乃至物流。
- 关注业务架构的企业也在设想，如何通过优化业务架构的方式提升运行效率，帮助自己更好地理解客户。
- 关注市场竞争的企业则在寻找差异化竞争的手段，构建自身的护城河。

企业如何找到数字化转型的破局点？基于这十几年工作经验，我们认为企业数字化转型想要成功，企业经营者应对认知提升、环境了解、价值创造这三方面的"存量"价值做好梳理，找到一个短期内就能够明显为企业创造价值的"引爆点"，并基于当前团队能力情况，用较低的成本匹配相关人员。

回到 GE 的数字化转型案例，它在大的方向和目标制定上没有问题，而在具体落地的执行上，渴望通过庞大的财力和引进人才快速看到成果，在没有考虑存量设备信息化、企业经营数字化现状的情况下，意图通过数字化部门的独立运营和品牌背书快速构建新增量的快速成长是很不现实的。

在我们看来，企业的数字化转型一定要先从存量入手，梳理当前核心业务的优缺点，在手中有图、心中有谱的情况下，全局洞察地找到一个"契机"，在核心业务模块去改进和优化，这个过程中可以探索数字化商业模式相关的产品服务或打造平台，但一定要基于自身完善的 IT、DT 能力，先完成内部业务流程数字化背景下协作的降本增效和整个价值链数字化效能的提升，再思考整个企业的转型升级。

7.1.2　跨阶段发展的判定依据

关于跨阶段发展，我们在序言中引用了联想、腾讯前高管梁宁对于不同阶段企业的大概描述，这里我们没有按照企业估值进行阶段描述，而是基于产业话语权对企业进行分级，如表 7-2 所示。

表 7-2　不同阶段企业的标准与考验

阶段	产业话语权	考验	核心能力	认知差别	发展重点
草莽企业	毫无话语权	破局点	抓住机会	机会觉察	拿到结果
腰部企业	区域或所在行业有一定话语权	话语权	占据生态位	系统经营	扎根
头部企业	区域或所在行业有相当话语权	制高点	终结一场局部"战争"	世界版图	聚焦
领先企业	话语权很强	破圈升级	持续做出正确的决定，跨越周期	周期观	变革

从表 7-2 中我们能够清晰地看到，我国有很多毫无产业话语权的草莽企业。这类企业能够活下去依靠的是创始人的机会觉察能力，通

过抓住机会获得收益，考验创始人和团队在活下去之余能否抓住破局点，因此数字化转型对这类企业很困难，它们只要能够抓住信息化改造过程中的时代红利，就能够成为腰部企业。

在我们看来，中小企业的主力是已经在区域或者行业里拥有一定话语权的腰部企业。这类企业已经在整个产业链或者价值生态中占据了优势生态位，并掌握了采购或销售的话语权，如果企业的经营者能够完成内部系统的经营体系打造，做到扎根行业，甚至通过信息化改造的方式进一步做到企业的降本增效，就有可能进阶到头部企业。

头部企业已经在区域或行业中有相当话语权，用户耳熟能详。它们已经具有了在区域或行业中，终结一场局部"战争"的能力。在这种情况下，必然面临的是聚焦业务还是放眼世界版图，放弃存量还是构建新增量的选择。很多企业仅通过信息化改造已经很难完成跃迁，只有突破原有经营模式的限制，才有可能进入领先企业队伍。

这十余年来，我们大部分服务的企业都属于领先企业这个范畴，它们在区域和行业中已经拥有了强话语权，面对互联网技术下的数字经济时代却不知道如何持续做出正确的决策，在全新的竞争中始终保持领先，进而通过转型升级的规划落地做到企业的破圈升级。

这里提到的草莽企业和部分腰部企业，只要核心资源和能力相对于区域和行业有一定优势，如果能取得一定成果并深耕，完成跨阶段发展相对不难。而在企业已经是成熟腰部企业或头部企业之时，企业内部的成本已经相对偏高，在扎根、聚焦完成内部降本增效、优质优价的同时，也需要开始思考发展新业务或者第二曲线。

第二曲线的核心思想是世界上任何事物的产生与发展都有一个生命周期，周期中的各节点形成一条曲线。任何企业的业务都像一条 S 曲线，有起始点、成长点、极限点、下滑点和衰败点。

为了保证企业能够始终保持生命力，企业就要在业务后期增长点到来之前，就筹备并推动开启另一个业务确保企业能够持续业绩增长，这个新业务即第二曲线。

在《第二曲线：跨越"S形曲线"的二次增长》[○]中，查尔斯·汉迪补充："在寻找第二曲线的路上，成功的管理者必须向死而生，另辟蹊径，一次次越过那些由成功铺设的'陷阱'，开辟一条与当前完全不同的新道路，为组织和企业找到实现跨越式增长的第二曲线。"

从查尔斯·汉迪的观点我们可以看出，其对于企业新业务构建增量的态度是积极的，而在落地执行中却又相对保守。因为在企业经营者、企业核心团队之前不擅长的领域去做新增量，必然会有很多"陷阱"要经历。而 GE 数字化转型的失败，核心就在于在没有基于存量构建足够的数字化运营经验沉淀的情况下，激进地推动新业务营收和利润。

像 GE 这样的"领先企业"，在自身存量没有完成数字化最佳实践，沉淀出一个拥有丰富经验且过硬团队的情况下，难以将存量业务中拥有的稀缺资源和关键位置平移到新业务中，最终导致新增量失败并造成了数字化转型失败的结果。

在我们看来，企业的数字化转型要优先完成存量下的规模化、效率化与品质化，并基于自身数字化经营的相关经验构建人才团队、调整组织结构与机制，甚至要调整企业文化中动力与形态相关的信念和价值主张，以及团队的激励模式才有可能完成。

显而易见的是，能够成为头部企业乃至领先企业的组织，大多数都拥有完成内部流程化、工业化、批量化生产或服务的能力，但大部分都是基于工业经济时代相关的监管标准，通过层级制和一系列健全

　○　本书中文版已由机械工业出版社出版。

的管理体系完成的。我们提出的规模化，是要构建基于互联网技术的数据可视化、任务分配实时化、执行完成在线化的管理体系。

如果企业想要对外提供数字化转型服务，那么一定要优先通过互联网技术养成内部以数据为核心的工作乃至决策的习惯，通过实时的数据收集、分析、智能建议，实现企业各业务模块的扁平式协作。除了之前我们提到的打车软件和外卖软件，现在正火热的 MCN 孵化机构也是从这个模式开始的。

MCN 机构，大家理解为网红的经纪人公司即可。2019 年某网红曾因带货赚了上亿元，这一数字超越了多家上市公司 2018 年的净利润。

2020 年 1 月 5 日，金字火腿将广告打到了某主播的直播间。当天晚上，主播推销了金字火腿旗下的产品麻辣香肠，5 分钟售出超过 10 万包，总计销售额突破 300 万元。更让人震惊的是，一场 5 分钟的直播带货，为金字火腿带来了 5.48 亿元的市值增长。

这样的成功与网红们的辛勤工作有关，更与电商平台存量下的流量红利与 MCN 机构从孵化、包装、内容投放、宣传以及带货全流程专业化的内容、流量转化与变现策略有关，更与构建专门的退换货、供应商、物流仓储管理体系以及数字化商业体系，进而形成一套完整的产业链、实现供需平衡的存量能力有关。

只有网红们背后的 MCN 机构将整个业务流程、产业链通过数字化的方式，把规模化、效率化与品质化做到极致，才有可能始终获得用户的关注与流量的倾斜。在这个因互联网技术的应用信息越发透明的世界，只有通过数字化技术深耕存量，降本增效，才有可能保证业绩的增长，甚至完成 MCN 机构本身的跨阶段发展。

与 GE 和 MCN 机构类似的转型升级案例我们看过很多，绝大多数转型升级成功的企业，都拥有一个共性——优先关注存量本身，通过互联网技术构建数据资产，进而完成效能和规模化提升，实现跨阶段发展。

企业只有在手中有图、心中有谱这样全局洞察的情况下，确定存量无法推动企业转型升级的过程、完成阶段性发展的判断之后，再去做非原有业务及基于存量用户情况下的增量思考。否则不论是自创还是并投，都很难短期内让团队和股东看到相关业绩，进而造成转型失败。

7.1.3　雄心与落地平衡下的增量定位

在企业经营中，增量即企业业绩或市值增长。关于"增长"，有很多相关的定义或描述。互联网公司经常提到的获客、拉新、流量、裂变偏战术层，属于业务直接运营团队思考的增长范畴；第二曲线适用于所有企业，偏战略层，属于企业经营者思考的增长范畴。

本小节主要关注战略层面，思考企业结构性增长的策略。但凡和决策相关的话题就必然有选择，也因此造成了企业经营者时常在深夜辗转难眠的时候思考：当时如果制定了不同的策略，现在企业的状态是否会完全不同……

这也是我们有意愿将十余年企业数字化转型相关的经营经验整理成书的最根本原因。在这个以打造并优化数据资产为核心的数字经济时代，企业没有数字化经营的能力必然会被市场日益激烈的竞争所淘汰，就像十年前我们认为未来每一个企业都会成为互联网企业一样，只不过基于数字经济的企业转型更为艰难。

就像 GE 这种过去极为成功的跨越周期的企业，面对这个与工业经济时代完全不同的新时代，都在重大策略的选择过程中出现了巨大失误，更不用说很多还处于新型市场阶段的中国企业。对于企业来说，数字化是一个宏观且难以理解的命题，却需要更切实地落到企业增长这个最实际的场景中。

我们过去讲互联网思维，强调"以用户为中心"；现在我们提数字化转型，强调"以数据为核心"，最大的差别是基于用户体验的感官进行尝试创新。很多时候创新就像碰运气，其业务增长的模型很难复制；基于数据说话，通过有效的用户数据分析与用户画像绘制，有针对性地进行用户生活习惯场景下的市场环境数据分析和相关产品研发、供应链选择、市场营销策略制定，让其业绩增长的方法论更具有可复制性。

通过数字旋涡我们知道娱乐、零售行业最先构建了非存量下的增量思维。这些基于互联网技术成长起来的"海盗"，通过去拼、去抢、去远航的策略，不断抢夺传统娱乐与零售行业的存量用户，通过十倍效能的用户体验，让用户成为自身营收和估值增长的依据。

在我们看来，企业经营者基于数据构建增长思维，才是数字经济时代企业成功的关键。基于数据去思考业绩增长背后的成本结构、生产效率、客户画像及产品研发决策，即构建数据资产，是企业持续增长的关键要素。

因此，如果能够基于存量带来的相关业绩、利润乃至市值的增长，推动企业完成跨阶段发展，聚焦到一个能够通过数字化应用快速看到成果的引爆点完成测试，通过阶段性战役的胜利带给团队信心，那么业务团队就能有相关的经验沉淀，进而推动整个企业数字化转型的有效落地。

当我们在梳理企业存量的数据资产业务化、资产化可能性的时候，会面临一个全新领域的选择，而决策的重点是评估企业自身"成事的逻辑"能否支持企业在新的领域中成为领先者乃至创新者。新领域增量选择的模型如图 7-2 所示。

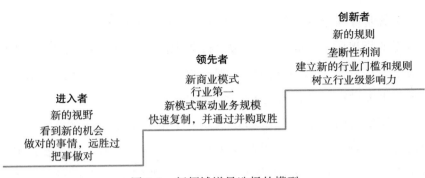

图 7-2　新领域增量选择的模型

当伊梅尔特将 GE 定义为一个数字化服务公司的时候，当比尔·盖茨决定微软的业务要覆盖互联网相关的业务而不仅仅是软件开发服务的时候，他们都已经将企业视为一个新业务领域（新的视野）的进入者。

这里考验企业经营者最大的难题，是找到"对"的事情，明白要通过怎样的机制或结构调整，让企业从管理层到执行层的每一个员工都能理解这样做的必要性，让员工自己能够主动参与其中，迎来具象化、有想象力的未来。

在发现全新领域的增量机会之后，企业经营者的直觉、想象力、创造与严谨的分析、谨慎的执行都至关重要。在战略目标形成之后，企业经营者需要基于自身的规划，构建新商业模式下业务驱动的体系、制度，甚至要去思考能否通过外部投资、并购的方式，协同自身的核心能力快速完成规模化复制。

找准大方向，针对内部成员、上下游合作伙伴及外部智库进行有针对性的头脑风暴，细化执行落地过程中可能遇到的问题并制定解决方案，在规划阶段就做好以进入者身份杀入全新领域的准备，力争成为其行业的创新者，建立新行业的门槛和规则，树立其新进入行业的影响力，并获取垄断性利润。

　　正如哈佛商学院的约瑟夫·鲍尔（Joseph Bower）和克莱顿·克里斯坦森所指出的，在技术革新时，行业中原来的领导者常常会失去领导地位，这恰恰是因为它们想要维持现有客户，从财务和经验的角度出发，更多投资于现有的技术。[⊖]

　　数字经济时代下的互联网技术，给了很多企业通过存量数字化转型构建数据资产的形式弯道超车的机会，这也是为什么像 GE 这样百余年来都极为成功的企业，面对这个全新的时代都针对增量做出如此激进的执行策略。因为有太多的企业认同"颠覆性创新下，技术变革过程会带来时代红利"这一观点，它们渴望短期内取得丰厚的成果，而对于庞大的领先企业来说这是很难做到的。

　　数据资产，是数字经济时代给企业在存量领域发展情况的梳理，以及增量业务的延展。张一鸣在内部分享时说："判断是否开展一个新业务的重要衡量标准，是我们在这个领域有没有远超他人的洞见。"而做好存量和增量两个方向的选择，是企业经营者摆脱过往通过努力和时代红利崛起的惯性思维，满怀企业发展雄心并让策略落地过程中，最需要深度思考的增量战略定位。

7.2　三个战略工具

　　在企业家、咨询公司的努力下，历史上出现了很多公司层面的"战略工具"，公司战略由原来只给出大方向变成可使用工具的思考方式，如"波士顿矩阵""价值管理五角图""商业模式画布""领导力模型"等。我们认为的企业在数字经济时代转型升级的战略"三化"模型如图 7-3 所示。

　　⊖　BOWER J, CHRISTENSEN C. " Disruptive Technologies:Catching the Wave. " [J]. Harvard Business Review,January/February 1995,48.

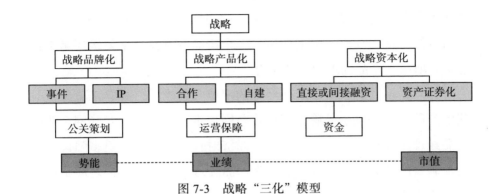

图 7-3 战略"三化"模型

在我们看来，企业战略的品牌化、产品化与资本化，是企业发展避不开的三个话题。在数字经济时代，产品从原来的"实物产品"向"数字产品"转变，企业通过自身资源整合、产品研发、市场营销、用户洞察等数字化能力完成相关建设，同时依靠资本或者股权置换的形式，完成企业螺旋发展战略规划下的能力落地。

本节通过描述战略"三化"模型的单独使用与联动使用的理论体系，供读者在自身企业战略规划、业务设计中参考。

7.2.1 战略"三化"（品牌、产品、资本）的定义

1926 年，宝洁公司推出了一款叫卡玫尔的香皂，一直销量不佳。原因是宝洁公司已经有了一款非常畅销的香皂，占了很大的市场份额，负责香皂业务的市场和销售人员把主要精力都用在现有畅销品牌的推广上，而卡玫尔香皂作为新品牌，得到的内部资源必然会非常有限。

这时一位名为艾尔洛埃的员工站出来强调必须有专人对卡玫尔这个香皂品牌的业绩负责，只有这样才能保证这个品牌能够获得相应的市场投入及商业回报。最终宝洁的高层同意了这个建议。于是，艾尔洛埃就成了世界上第一个有"产品经理"头衔的人。

从这个例子可以看出，最早的产品经理其实是品牌经理，他的主

要职责是负责这个品牌的市场定位、营销推广、渠道建设等。这是一个对于综合能力要求极高的职位，一个产品究竟是一亿量级还是十亿量级，取决于产品经理的营销能力。

当然，不同时代对于产品经理的定位和要求不一样，工业经济时代的产品经理侧重于品牌营销；互联网技术普及初期，互联网企业的产品经理关注项目管理；到了数字经济时代，产品经理更多强调的是需求洞察的能力。因此可以理解为产品经理是企业与用户之间不可或缺的"连接器"。

因此我们在构建战略"三化"模型的时候，将战略产品化调整到了战略品牌化之后，核心强调企业基于业绩或市值增长培养或选择合格的业务负责人时，首先考验的是这个人是否掌握了用户需求的集合，要求这个业务负责人能够在洞察全局的过程中，清晰地知道关键决策者和各利益相关人在交易过程中的利害得失，并为相关人提供即时价值反馈。

战略品牌化就是通过提升品牌识别度、可信性、价值感，最终使品牌溢价能力以及品牌影响力得到增强。那么如何打造出符合企业战略目标的品牌呢？最容易让客户记住品牌信息的方式就是事件和品牌故事的持续输出，通过有吸引力的事件、故事影响客户的情绪、态度和行为。

很多时候，客户并不是被产品的信息所影响，而是因为专业的局限性，对于很多产品的价值客户无法进行合理的评估，反倒是受情绪的影响更为明显。客户会基于对于企业品牌的态度，延伸出令自身满足、愉悦的情感，同时规避痛苦和焦虑。

企业在塑造品牌过程中策划的事件，或者打造企业创始人的信念、企业的价值主张等IP，都是为了与客户产生情感联结，引起客户的共鸣。因为单纯的产品功能或价格上的优势，并不足以让客户买单。

战略产品化就是通过对企业所在行业，企业创始人信念价值主张及形成的组织和文化，企业存量的壁垒和能力剖析，确定企业的战略定位，进而基于商业逻辑、竞争分析、业务类型与架构、业务路径描述确定商业计划，确定人才策略和组织架构、从"0"到"1"的产品、产品市场化策略、常态业务经营的计划与实施、长效运营机制、企业资产证券化策略与节奏。

如何打造出符合企业战略目标的产品？腾讯前副总裁吴军在《浪潮之巅》中提到了基因决定定律，他认为一家企业拥有的基因决定了它拥有什么样的能力，能在什么领域成功。大家都知道，腾讯一直想做电商，就像阿里巴巴想做社交。但是腾讯亲自下场做的电商基本都没做起来，直到后来用旗下电商业务换取京东的参股权，才在电商这个领域拥有了对抗阿里巴巴的资本。

反过来，阿里巴巴在社交领域也从未放弃尝试：阿里旺旺、来往、钉钉、支付宝等产品一直在引导用户养成社交习惯，试图攻入腾讯的腹地，但是没有撼动腾讯的地位。不管是阿里巴巴还是腾讯都"要钱有钱""要资源有资源""要人才有人才"，但双方始终只能"遥遥相望"。

因此，很多时候企业选择业务合作的代理方式，或者通过战略合作进行股权交换或投资等行为，弥补并完善自身生态体系下的业务短板，是头部企业乃至领先企业必须考虑的发展方向。

当前，企业为了自身长期发展，必然要在研发体系、创新体系乃至营销体系构建产品能力。基于目标客户群体的需求洞察，不断优化产品功能、性价比，通过服务创新、营销创新构建自己的能力。

战略资本化包含股权融资、股权质押、债券融资，以及控股或参股投资并购或资产重组，利用产业基金撬动更大的资本杠杆，助力企业发展等，涉及产业基金的募集、投资、管理和退出等环节。

如何打造出符合企业战略目标的资本？企业战略规划的落地是一

个花钱的过程。企业的钱，就像企业的人才和资源一样，是永远不够的。通过自身核心竞争力的构建，让资本市场看到企业未来发展的价值，给投资人一个良好的印象。同时，一定要考虑企业现状和未来发展要达到的目标，确定整体股权的出让比例，选择采取增值扩股等比例稀释的方式，还是现有存量股权转型的方式。不同的方式要寻找不同的投资者。

企业基于自身资源和能力的判断，构建迎合时代特点的战略资产化策略：

- 增强产业链的溢价能力：选择自身所处产业链高溢价的环节投入，增强自身在产业链条中的议价能力，在取得规模效应的过程中改变整个产业链的利润分布。
- 向产业链上下游扩张：也就是所谓的产业整合，通过上下游的资源熔断形成竞争壁垒，"肥水不流外人田"。
- 多元化扩展：抢占新的赛道。每个行业都有生命周期，不可避免地会走向衰退，而企业要实现基业长青，自然希望进入正处于上升期的行业，如果能在刚起步的行业占据赛道，就能在获利最丰厚的阶段收割。

当然，企业战略"三化"的选择取决于自身状况和想要达到的目标，利用好资本市场的资源、思维、眼界、规则，是企业经营者系统思考的重要议题。这个议题也必然要考虑品牌、产品溢价能力。因此战略规划工具要基于实际，单独或混合使用。

7.2.2　战略聚焦与联动的决策

无论是餐饮综合服务行业的美团外卖，还是个人房产销售行业的贝壳找房，都在进行战略工具聚焦或联动策略抉择。这些企业都是基于自身产品优先的选择，通过品牌与资本的联动节奏规划，最终形成当前的产业领先地位。

这里我们举一个 1983 年成立于日本的连锁书店茑屋书店（TSUTAYA BOOKSTORE）的案例。截至 2019 年底，这家日本连锁书店中销售额排名第一、全球连锁书店中销售额排名第四的书店，基于战略"三化"的良性联动，开创了连锁书店全新的商业模式。

茑屋书店最核心创新点是打破了过往线下零售店"所见即所售"的商业模式，聚焦于为消费者提供书背后的文化，进而改善自身行为、生活方式。

茑屋书店洞察到消费者买书背后最核心的需求，进而构建了极有针对性的生活场景设计，让消费者在书店就可以联想到所要购买的书以及阅读之后的生活。因此可以说茑屋书店的创新不是围绕实体空间提供足够多的书，而是提供阅读背后相关的生活场景。这让消费者不再追求网络购书的省时省力，为了这份体验心甘情愿地来到线下购买。茑屋书店将实体连锁的卖场打造成了消费者的"买场"，业务重点从门店卖书及相关产品，转移到卖书中的生活方式，并以此进行体验设计。

当前消费者已经习惯通过各互联网平台，省钱、省力、省时购买产品，消费者对于购物场景的体验需求非但没有消失，反而大大增加了。如果线下门店不能比网购更便宜、更快，那么为什么不基于线下门店最大的优势，通过更优质的体验构建自身的经营核心呢？

茑屋书店是我们当前看到线下连锁门店的最佳实践。它打破了工业经济时代连锁门店标准化下实现复制的规模扩张路径，没有参考麦当劳等极为成熟的工业化流程设计门店，而是基于不同门店周边居民的调研结果和自身定位，实现个性化设计及运营，让遍布全球的近 2000 家线下门店都存在显著的不同。

茑屋书店的战略产品化用一句话概括就是核心产品不是书，而是更佳的消费体验。

在这样战略产品化的原则下，茑屋书店打破了工业经济时代通过规模化生产、分销、营销进而产生品牌影响力的认知，站在消费者的角度，构建"向生活提案"的品牌主张，让消费者就算"浪费"了时间，也愿意花时间在自己关心的事物上，把电商强调的时间浪费变成了一个极其美好的事情。

面向亚马逊、当当这样主打省时、省力、省钱的竞争对手，茑屋书店坚定地执行了其创始人增田宗昭"卖书不是卖书籍本身，而是卖书籍里面的内容，书籍里面所描述的这种生活方式"的价值主张来为消费者提供服务，让消费者在心中对于其品牌形成极佳的差异化定义，笼络住了消费者的心，企业在面对互联网技术冲击之时，构建了有效抵抗的护城河。

与此同时，茑屋书店极其有效地利用了互联网技术，通过数据资产的有效运用，将自身打造成了一家为书店经营提供数据驱动的咨询公司，并以此完成了战略资本化的布局与落地。在茑屋书店近2000家门店中，其直营门店不到200家，大部分门店都是书店基于自身的数据进行代理招商完成的。

茑屋书店没有像传统的连锁加盟企业那样，通过提供选址、装修、进货、物流等服务吸引门店代理的加入，而是根据代理门店的地理位置、大小及周边消费者画像，基于数据驱动提供相关主题策划、设计、选品相关的建议，并为店员提供经营相关的培训。

增田宗昭说："我们是企划公司，需要不断挑战，让加盟企业愿意付钱买企划。"做到这些的核心，就是茑屋书店数十年来对于数据资产的沉淀、处理，其已经通过实践验证方案、优化算法模型，将自身的服务变得更加智慧，让加盟商获得利润同时，自己收取方案策划及数据服务的利润。

通过茑屋书店的案例，我们想强调任何行业与企业没有传统一说，核心在于企业负责人是否"传统"，是否有着明确的信念、价值主张与企业战略规划，迎合时代及用户最佳感受的战略"三化"聚焦与联动决策。

没有最好的企业，只有基于时代变化敢于迎难而上的企业，通过明确的战略方向与目标，全局洞察，选择企业最佳的发展方向，并能够应用好战略工具，在完成战略落地相关部署的过程中，和过硬的团队一起去实现自身的价值。

7.2.3　战略落地负责人的挑选

晚清知名政治、军事人物曾国藩有句名言："办大事者，以多选替手为第一义。满意之选不可得，姑节取其次，以待徐徐教育可也。"替手，即某一方面全权替代自己做一些事，甚至可以全方面替代自己，进而让自己腾出更多的时间思考战略及更重要的工作的人。

自古以来，能够办成大事者，往往以培养、选择替手为第一要义。曾国藩的识人用人之道，有人概括为八字诀：广收、慎用、勤教、严绳。

- 广收：广泛吸纳人才。
- 慎用：量才取用，务求慎重。
- 勤教：经常进行督导和教诲。
- 严绳：立法度，上规矩，严加管束。

通过广收而人才济济，又因慎用精选出人才，加上勤教管理，培养出人才，如此一来，组织自然不会缺少可用之人、能用之人，这就是成大事的根本。

在企业经营者完成转型升级的全局洞察和战略定位之后，最核心思考的就是转型升级路线图的相关规划如何落地。有了"聪明的头脑"的情况下，如何找到能够带动"敏捷手脚"的"坚挺腰部"作为战略落地的业务负责人，是企业经营者优先考虑的。

在战略落地的具体工作中，企业经营者会发现有些业务负责人在接到相关任务之后，完全不用经营者操心，到了规定时间他们就能够拿出满意的结果，而有些业务负责人完成的情况却和经营者真正想要的结果相差甚远。

为企业最终结果承担全部责任的经营者，必须要在平常的工作或工作汇报中辨别出业务负责人的实际能力，防止差之毫厘，谬以千里的结果发生。

也有的业务负责人在沟通过程和反馈规划过程中，思路清晰、逻辑缜密，而在具体执行的过程中，与团队的沟通却不通畅，造成具体执行的员工的执行过程支离破碎，任务完成的效果非常不好。

当企业经营者判断当前的业务负责人可能存在这种情况之时，就需要帮助业务负责人综合考虑落地方案，甚至演示出不同情况下的思考方式与协调方法，实际参与到业务团队的研讨会议中，并周期性地跟进完成情况，确保业务团队执行到位。

也就是说，战略落地的负责人，需要兼具实操能力和管理、协调能力，并且能够从整个战略规划的全局出发，高度提炼业务团队的工作规范、流程以及相关经营方法论。保证团队在各种场景及突发状况之下，能够及时地进行业务响应及工作目标落地。

同时，负责人也必须拥有率领团队的领导力。当团队资源不充足的时候，既要能够自己身先士卒地切入实际工作中创造明确价值，又能够在团队成员相对缺乏经验、能力和资源的时候提供最大的支持，亲身示范起到模范带头作用。

站在企业经营者的角度，最佳的方案是从企业内部挑选合适的人选，如果实在找不到合适的人选，就需要考虑外部招聘或者聘请咨询顾问。而这里需要明确对象是"对路"的人，既要对于相关的业务有经验、有理论，且善于沟通交流与学习，又能深刻洞察企业经营者战略规划的核心立题点。作为战略落地的负责人，只有"对路"才能在重重荆棘中找到正确的方向，领导业务团队"把事情做对"。

战略落地的负责人来自内部，这样的人最了解企业，熟悉内部的人员关系与结构，不论是管理层还是业务团队都对于业务负责人有一定的了解和信任基础，这样的人如果能够"对路"，落地执行时会更加省心、省力、省事。

如果企业内部人选还需要一定的时间培养，难以立刻成为战略落地的负责人，那么企业经营者可以选择外部招聘或者聘请咨询顾问的方式，优先在行业圈子里寻找，战略定位清晰的情况下，这样可以极其精准、定向地寻找相关人选。通过招聘网站寻找人选的效果最差，往往费时、费力，找到的人不但需要长时间磨合，而且很有可能难担大任，消耗团队的信心与信念。

在企业经营者回到事实层面进行全局洞察，摆脱固有的成功经验、思维习惯与情感的羁绊，通过系统思考，找到正确的事情之后，既要亲自"掌舵"，又要寻找和培养具体的负责人，和他们一起"把事情做对"。

"我们懂得了很多道理，却依然过不好这一生。"这句话包含三个假设：第一，道理是真理；第二，我们真懂了；第三，懂了就能过好一生。然而，这三个假设往往都不成立。战略目标落地亦是如此。因此，我们要透过现象看本质。

战略定位是一门艺术，需要在谋遍全局、系统筹划的同时，做好选择与取舍；更需要找到最合适的战略落地负责人，通过团队的方式不断推进、延展规划、取得实效，以终为始地完成企业的目标。

第 8 章

组 织 再 造

　　德鲁克在其 1946 年出版的《公司的概念》一书中首次提出了"组织"的概念。随着组织实践的不断发展,人们对组织的认知不断更新。现在,互联网的异军突起给组织形态变化带来巨大影响,信息的无缝衔接、沟通的高频率化、组织的无边界化、层级的越发扁平化,都促使人的能力、潜力、创造力能够更大程度地发挥。

　　企业的数字化转型,始于技术,终于组织。没有组织的变革再造,就没有企业数字化的未来。但是无论组织如何重构,不变的是如何激发每一个人的积极性、主动性和创新性。

　　硅谷有名的天使投资者之一,LinkedIn 联合创始人,曾担任过PayPal 高级副总裁的里德·霍夫曼在其著作《闪电式扩张》中提到,企业经营者不要追求员工的数量,或者追求理念上的最佳组织形式,而是基于企业自身的发展情况,以及相关资源与能力构建最适合自身发展的决策。

其另一本著作《联盟：互联网时代的人才变革》中提到，"是时候重建雇主与员工的关系了。商业世界需要有利于相互信任、相互投资、共同受益的新雇佣关系框架。理想的雇佣关系框架应鼓励员工发展个人人脉、勇于开拓实干，而不是成为唯利是图的跳槽专业户"。

本章将带着读者了解在洞察全局地构建企业的战略定位之后，如何通过运营机制设计和组织结构调整这两套方法论，让企业实现转型升级，最终达成目标。

8.1 运营机制设计

"机制"一词最早源于希腊文，原指机器的构造和动作原理。因此对机制这一概念可以从以下两方面来解读：一是机器由哪些部分组成和为什么由这些部分组成；二是机器是怎样工作的和为什么要这样工作。

放在企业组织中，机制初步可以分为三个层次：一是激励机制，即通过怎样的动力设计调动组织中的各个主体积极行动，并为组织获利创造价值；二是保障机制，即通过怎样的文化运营为组织中的成员提供物质和精神上的支持；三是制约机制，即构建一种保障组织运营通畅且有序化、规范化的机制。

本节通过企业运营机制设计的概念讲解和实操案例分析，让读者在明确企业转型升级的大方向之后，知道应该通过怎样的系统方法论，让企业的运营机制能够跟随战略目标进行组织再造，进而成功实现企业转型升级。

8.1.1 组织运营机制的升级方向

企业作为一个经营主体，为社会、用户及股东创造价值；企业更是一个组织，由多个独立的个体通过工作任务承接、协作等方式完成组织要求的工作；企业更是一个生命体，需要这个经营主体中的每个个体，在组织的运营机制下，跟上社会进步与科技发展的进程，心怀升级企业的追求和动力，让企业拥有持续生存下去的竞争力。

我们看到很多曾经领先世界的大企业被创新产品打败。举一个大家耳熟能详的案例。柯达的工程师塞尚（Steven Sasson）1975年就在美国纽约罗切斯特的柯达实验室发明了第一部数码相机，却因为胶卷这一既得利益导致柯达革新动力不足，并未投入更多资源开发这一技术。

由此可见，大企业不是不善于创新或者推动迎合市场变化的改革，而是因为企业的经营者们面对既得利益，失去魄力和改革的驱动力而选择维持现状，进而眼睁睁地看着自身的市场份额被使用创新技术的企业瓜分，直至被彻底取代。

柯达是众多工业经济时代崛起的领先企业中，面对数字化时代新技术挑战而黯然离场的典型代表。在工业经济时代，企业经营的理念是中心化思想，也就是把一切业务场景标准化、流程化，进而做到工业化的批量生产。这时企业的经营管理就是尽可能减少一线员工的多元化和不确定性。

在工业经济时代铸就辉煌的企业家亨利·福特就曾经说过："我明明雇用的是一双手，可为什么却来了一个人？"这样的观点跟工业经济时代的大环境密切相关。在那个产品只要生产出来就不愁卖的年代，企业经营者一切的关注点都是如何通过现有的自动化机械和流水线作业等技术生产标准化的产品，通过生产的稳定性去达成产品更快速度、更低成本的生产。

在这个时代背景下，企业的经营者在设计组织内运营机制的时候，会将每个员工都视为企业的"螺丝钉"，要求员工们严格按照规定操作，不需要加入任何个体的主观思考和判断，因此整个企业领导层都没有动力去进行改变乃至升级。

工业经济时代对于组织运营机制的升级尚不明显。而随着互联网等新技术的出现，原本拥有巨大信息壁垒的网络被有效打通，让消费者有了更多方式去对比自身采购的产品与服务，同时标准化的商品越来越难以满足消费者差异化的需求，导致供需关系改变，从原本的渠道为王变成用户为王。

企业作为一个通过价值创造获取收益的"生命体"，其价值创造的结果，在内部取决于员工贡献的意愿和能力。能力是可以培养的，而员工的贡献意愿与价值创造过程中的个人收益、能力成长与资源获取有着紧密的关联。

任何时代组织的转型升级都必然会改变内部的利益格局，企业的数字化转型落地也必然存在人的阻力。新老技术交替的过程会导致组织机制的改变，必然会触碰到一部分人的既得利益。就算这些人表面上不会唱反调，却在实际执行过程中态度不积极。所以企业的经营者一定要在明确数字化转型方向之后，通过运营机制的设计下的动力驱动，以及战略落地负责人的魄力和影响力，对相关人员进行合理安置。

企业越大，进行数字化转型就越难。大企业虽然有着足够的资金和资源，但是带来的变革极有可能改变组织内原有的利益分配，具体来看有这样几个问题。

- 大企业经营结构复杂，业务调整环环相扣，对现有业务冲击大，转型时有些团队会考虑担责问题而犹豫不前。
- 大企业转型会面临比较大范围的人员和组织优化，容易陷入利益分配纠纷，转型落地受阻。
- 转型预期的好处不显著，决策者更愿意待在舒适区，动力不足，想要维持现有业务状态。

　　企业转型成功落地，自身运营机制中关于员工驱动力的设计尤为重要。推进员工行动驱动力的大小很大程度上决定着组织最终能否完成转型。就像一个人拥有一颗强健的心脏才能奔跑如飞；一辆车拥有一个强劲的引擎才能翻山越岭。驱动力一旦不足，组织面对艰难险阻时不仅会停滞不前，还有可能倒退。

　　那么，如何让企业的成员点燃内心深处澎湃的动力呢？在之前的章节中我们提到的战略定位明确了企业前行的方向，当路径清晰、激励明确的时候，成员的动力随之而生。

　　假设，你准备徒步来到一个十公里外的村庄，但手里没有路线图，只知道大概的方向，可能走着走着就打起了退堂鼓，或者怀疑自己走错了，不然路怎么如此漫长？

　　但是，当你能看到一个明确的目标，有一幅清晰的路线图，路上有几个重要里程碑时，往前走的动力就会比此前强上数倍：这是一个著名的心理学实验为我们揭示的道理。

　　推动战略方案落地同样如此。当你看到一个方向清晰、路径明确的战略方案时，内心的力量会更加澎湃，心底自然而然地发出一个声音："这个事我能干，我要干，我必须这样干，才能走出原来的舒适圈。"当你是真想干、真能干时，动力就产生了。

　　同时，企业的经营者要基于战略定位进行全新的利益分配，让原有的既得利益者能够接受利益变动的同时，更能充分地调动起中层管理者与一线执行人员行动的积极性。基于合理的目标制定转型战略，让团队成员看到努力之后真实的所得，且在执行的过程中，领导层能够不断给予团队相关的工具、方法乃至资源，并明确告知团队成员目标激励与惩罚。

　　当然，我们这里要强调组织运营升级的方向，不是金钱、名利等欲望简单地放大，这种"有意识动力"看起来简单粗暴，却因为容易满足常常造成组织核心人员的流失。只有企业通过运营的机制，让自身的追求变成所有成员的追求时，企业的目标才有可能实现。

企业和个人一样都是活的生命体，这决定了企业任何的运营机制都必须是动态的。企业自身所处的行业市场的变化，自身发展阶段及团队成员素质等差异化因素，相关管理规范的措施、节奏和程度都有所不同，而且是灵活的、动态的。

当前运营机制设计的底层逻辑相对工业经济时代的企业运营，要破除关键信息被关键部门的关键人员垄断造成的信息不对称，进而导致团队成员依赖于权威人物、行政命令或指令以及个人经验行事和决策。企业要构建一种用数据思考、用数据说话、用数据管理、用数据决策的运营模式，在这种思维模式指导下形成良好的文化氛围。

在这种组织运营机制下，企业文化建设的目标是将数据文化"内化于心，外化于行，固化于制"。

- "内化于心"是指建立起员工的数据思维，即用数据思考，用数据说话，用数据管理，用数据决策，将数据思维、数据意识融入企业的血液里。
- "外化于行"是指数据驱动业务，数据驱动管理，用数据思维指导业务执行和管理决策。
- "固化于制"是指建立数据治理的规章制度、管理流程，通过培训、绩效激励等方式巩固数据文化。企业数据文化的形成不仅是一个行为过程，还是一个量化过程，通过将企业数字化建设主体的行为和结果进行量化分析，为组织绩效的考核与评价奠定了科学基础。

这需要企业经营者在升级运营机制的过程中，从"去权威""去控制"的角度出发，从这是"我"的企业变成这是"我们"的企业，既要"激活个体"又要"激活组织"，既要强调组织的专业化与规范化，又要着力于释放个体意志，并能够克服人性懈怠的本能，让组织规范化的同时，兼具效率和灵活的创新能力，实现企业的可持续发展与升级。

8.1.2　坚持企业经营者的信念与价值主张

一个企业的活力、现状是由企业经营者的领导风格、信念和价值主张，通过不同的手段、形式传递给企业领导层、中层管理和执行员工，并形成对应的心智模式和行为习惯所决定的。

在现实中，企业正面临着看似无解的问题循环挑战：

- 企业经营者、业务负责人、中层管理者和具体执行人员对战略方向未达成共识，战略目标无法有效落地。
- 企业经营者与业务负责人在战略方向上存在偏差，业务负责人与中层管理者在战略落地的理解与衔接上存在偏差，中层管理者对具体执行人员的管理与指导与标准存在落差。
- 企业中数量庞大的具体执行人员和中层管理者的愿景，与企业自身的使命之间没有做好关联和价值传递。
- 企业中的关系错综复杂，在内部彼此消耗能量。

想要回答这些问题我们先来说说"道"。《孙子兵法》计篇中说："道者，令民与上同意也。故可以与之死，可以与之生，而不畏危。"意思是，道，就是让民众和君主有共同的意愿和追求，以至于可以同生死，共患难，不畏惧危险。这里的"道"对应着本书所讲的内容，即企业和组织如何构建自己、完善并优化自己的"道"，也就是响应时代的信念与价值主张，确保具备有效落地的手段。

如果把时钟向前拨，人们对于企业信念的关注度并不高。而在近些年，我们发现越来越多的企业经营者，开始越来越多地在公开场合阐释、强化自己的企业信念，并且越来越注重在这个信念的导向下去规划企业发展。

美国苹果公司的创始人乔布斯曾说"活着就为改变世界"，华为的创始人任正非一直在讲华为要"构建万物互联的智能世界"，亚马逊的创始人贝佐斯坚持"以客户为中心"的信念和价值主张。

贝佐斯更是有这样一个特殊的习惯：每一年他写给股东的信的结尾，都会附上 1997 年亚马逊刚上市的时候，他给股东们写的那第一封信。因为第一封信里明确讲了亚马逊在"以客户为中心"这一信念下的长期战略规划。也就是说此后的每一年，贝佐斯都要带着股东们回看一遍，亚马逊走到哪里了，是怎样坚持自己的信念的。

有一本经典的管理学书籍《追求卓越》，其作者汤姆·彼得斯和罗伯特·沃特曼在书中提到，他们所研究的那些出色的公司背后有一个共同的特点——它们都很清楚自己的主张是什么，并认真建立和形成了公司的价值准则。

那么，为什么一个清晰、明确的企业使命、愿景、价值观，能帮助企业走向卓越呢？回看历史，许多国家的兴衰、组织的成败中，都能找到同样的答案。有一句话叫：得民心者得天下。我们看到历史上那些丢掉江山的组织，或者输掉关键战役的团队，很多都是因为失了民心。而信念和价值主张，就是帮助一家企业凝聚人心的利器。

IBM 前 CEO 小托马斯·沃森就说过："我相信一家公司成败之间真正的差别，经常可以归因于公司激发了员工多大的热情和多大的潜能，有没有帮这些人找到共同的宗旨。如何维系这种共同的宗旨？我认为，答案在于信念的力量，以及这些信念对员工的吸引力。"

还有一本知名的表达类书籍《如何启动黄金圈思维》，其作者西蒙·斯涅克在书里面提出：那些善于激励人心的领袖，他们在沟通或表达中，往往不会遵循"是什么、为什么、怎么办"这个套路，而是会把"为什么"放在最前面。也就是在表达中先告诉听众自己行为背后的信念是什么，这会更容易激发听众的情感共鸣，获得他们的支持。

当然，组织以及组织经营者的信念和价值主张不应该好高骛远，而是要让自己先真的相信，并基于这种骨子里的相信，让自身生命的微光，成为感召团队携手前行的原动力，让团队哪怕遇到再大的艰难险阻，仍能够坚信曙光即将出现，并敢于去承担风险，付诸行动。

企业天然地要与未知、不确定性做斗争，所以伟大企业必然要有敢于冒险的基因。也只有凭借这样的信念，企业才能够带领自身的团队成就伟大。这里就需要企业的经营者除了必须是理想主义者，也必须是战略设计师、团队领导人，还必须是团队中那个冲在最前面的英雄。

纵观人类历史上任何一位伟大的科学家，或者成就伟大企业的经营者，其成功过程可能存在不同，性格特点各不相同，但他们必然有共同点——对于目标无比坚毅的信心和对最终胜利一定会到来的信念。

在改变世界的征途中，未知和不可控必然会接连出现，如果没有"英雄"的挺身而出，如果没有人能够感召团队，拥有自身必胜的信念，那么这个世界就不会有进步，更不会有那些名留千古的"英雄"。

我们服务过一些企业家，他们都做过各种"胆大包天"的壮举，也面临过资金链近乎崩溃的极端情况。正是因为他们没有选择"放弃"，而是坚守自身，才让他们走到今天。

企业经营者的这种信念，是支撑团队征服前行路上各种艰难险阻的最强大力量，让成员不对未来丧失希望，无论遇到怎样的挫折和险恶的环境，绝不屈服于所谓命运的安排。

任何伟大的事业都不是一蹴而就的，而是在长期的组织实践中不断被验证、修正，在顶层设计和"摸着石头过河"中波浪式地进行修补、优化和改进。关于组织价值主张的构建看上去通俗易懂，但实践中真正能够精准提炼出价值主张并不容易。哈佛大学教授克里斯滕森曾研究过一家非常受欢迎的奶昔店，人们往往在出门上班之前去店里买上一杯。多次蹲点考察后，他发现消费者喜欢这家店的奶昔有特殊的原因：奶昔的浓度比较高，消费者可以用它陪伴早上的通勤时间直至办公室。

　　企业的经营者假如只是简单地认为消费者钟情于奶昔产品，那就误读了最核心的价值主张。因此，不要急于下结论，要像考古学家那样，深入到情境细节中，通过体察、假设和验证，分析组织要为用户提供的价值主张到底是什么。

　　淘宝是阿里巴巴成为电子商务领先企业的一项重要的业务板块。在 2003 ~ 2008 年，它主动接受中国经济发展及用户需求的变化，积极改变自身的信念和价值主张，将时代的挑战和竞争变成了自身崛起的新机遇。

　　2003 年淘宝成立之初，它主张让用户通过"多选择"，在平台上找到最适合自己的商品，并构建了一套"可信"的在线购物机制，为买家和卖家创造了一个就算不见面、不见实际商品，也敢实现交易的电商平台，这就是那个阶段淘宝经营者极其明确的信念和价值主张。

　　在这个时间点，淘宝与合作伙伴一起，创建了物流与数字支付的基础设施，解决了当时中国零售行业在线销售最需要打破的贸易屏障，并通过这一信用评价体系与运营机制，让商品更容易被消费者购买的同时，保证消费者的权益。这样，淘宝完成了第一次从信念和价值主张到商业模式的成功。

　　到了 2006 年，淘宝这一电商平台被越来越多的消费者和商家认同，进而淘宝调整了其信念和价值主张的重点，转移到向小微商家提供支持。通过创建淘宝大学等措施，助力小微商家更好地在淘宝做生意，助力入驻淘宝平台的商家实现业务增长，甚至推进商家完成阶段性的跃迁。

在淘宝开始服务数以亿计消费者的 2008 年，其信念和价值主张变成了让消费者购买到更放心、更低价、更高品质的商品。"天猫商城"及大品牌的会员服务出现，平台深耕消费者的增值服务，通过数字化技术不断洞察消费者需求，并向上游产业链延展构建自身价值协同生态，满足消费者快速变化的购物需求。

为什么阿里巴巴能够成为数字经济时代中领先的电商平台？答案正是其能够不断适应时代和市场变化，在洞见全局的过程中优化自己的战略重心，并能够通过调整自身信念和价值主张的方式，让淘宝这一看似简单的电子商务平台，转化为符合价值贡献者与消费者双边用户需求的赋能型生态系统。

企业通过快速响应市场的变化，构建全新的事业、待遇和情感的商业共同体组织机制，通过收益、成长、成就等不同维度，让不同层级的企业成员能够为达成组织目标进入集体奋斗的无意识状态。让企业成员因使命、目标的召唤，与企业制度要求实现高度的融合与统一。让身处其中的所有人，既被"洪流"裹挟推进，又成为推动"洪流"的力量。

最后需要说明一点，企业的成功因素有很多，而最终的决定性要素，是企业的经营者能否响应时代和市场的变化，放下过去固有"成功"经验带来的自信，去寻找符合时代发展商业模式乃至组织结构与机制，这是最不明显却又往往最有效的方式。而对于企业经营者来说，能否打破过往坚信不疑的经验和认知，是巨大的挑战。因为这不但要调整企业经营者自身观点，而且要能够有序、有效地调整自身企业的信念和价值主张。

8.1.3　让业务贯通的机制设计

企业想要持续发展壮大，必然要在员工个人努力和集体结果回报之间、在资源最优配置和动态协同之间构建一个可持续的良性发展循环，让员工为企业目标做出贡献，构建促进个体能力发挥、防范个体风险和提升协同效率的组织运营系统。

亚当·斯密在《国富论》中提到"劳动的分工导致生产效率的大幅度提升"，并用生动的案例表达出传统手工作坊与现代企业最大的不同：产品的生产从一个人全权负责，到拆分出对应环节和工序分别交由不同的人负责。

在那个工业刚刚兴起的年代，亚当·斯密的这一发现被很多现代企业经营者定义为"帮助人类揭开了财富创造的密码"，却忽略了企业除了生产外内部协同的复杂性和重要性。后来这部分在被誉为系统组织理论创始人、现代管理理论之父的切斯特·巴纳德（Chester I. Barnard）的《经理人员的职能》中得到了完善补全，即组织完成任务分工之后，内部及外部相关的协同问题对于企业来说也是极富挑战且难以达成的。

在巴纳德看来，企业内人与人之间的协同不会自发地产生，而是需要有效的协同管理手段，或者说让业务贯通的机制设计，在明确共同目标之下，让企业的每个人都有足够的合作意愿，企业中信息沟通顺畅。这每一项条件的实现都不是容易的事，需要企业经营者与业务负责人紧密沟通，依靠业务负责人和中层管理者卓越的才能与辛勤的努力才有可能实现。

企业发展的过程中，始终存在活着、可持续和发展壮大等相关问题。现代组织和管理学强调企业应该在优化分工、促进协同和实现目标等方向努力：

- 基于企业自身成员的能力测评和配置调整来优化分工，作为效率保障的基础。
- 通过职责定义、职责的流程嵌套，让权力、利益与责任对等，用技术保障信息流转等来促进协同。
- 通过目标分解确定成员应该承担的角色，并基于能力发挥而取得的结果进行贡献的计量和价值的分配。

同时，企业为了生存和发展，应对社会制度的不断变化、产业数字化发展的市场挑战，要拥有在动态变化过程中让企业健康发展和进化的能力。企业内的各种要素必然存在不均衡发展、相互制约而又互相促进的情况，只要做到"相对公平"之下的平衡，让员工感受到企业在良性发展循环过程中实现业绩螺旋上升即可。从组织进化的领域看，企业经营者需要持续提升自身认知，设计适应外部环境的内部管理经营机制，不断优化升级自身的组织模式，从而保证与竞争对手之间相对的优势，跟上甚至引领行业的发展。

从企业实际价值创造的角度来说，企业并不只是对科技环境做出响应，也强有力地影响着技术在企业中的使用方式以及技术本身的创新发展，企业作为生命体的这种能动作用便是通过组织管理模式体现的，而管理思想则是其沉淀下来的精华。

在这十多年服务企业推动转型升级的过程中，我们认为科技创新只是一种最终呈现的工具或者方法，而能够承接企业战略目标的机制模型更为重要，这里我们构建出了一套不限企业经营规模和阶段都可以参考的让业务贯通的机制设计，如图 8-1 所示。

基于人性的运营机制设计，在响应时代市场变化的前提下，企业经营者一定要思考针对团队成员能力的专业支持体系，或者说在企业明确发展方向的同时，要构建一套解决问题的专业支持体系，围绕着每个人的事业、待遇和情感，通过机制和培训让每个人都训练有素。

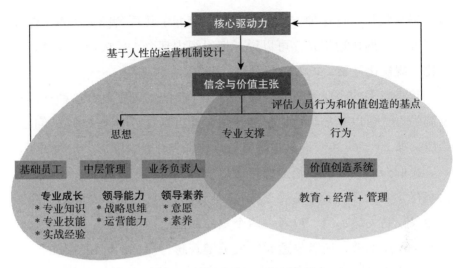

图 8-1 让业务贯通的机制设计

业内有种说法："华为培养人才的速度比余丸子还快。"比如，开辟一个陌生的海外市场，需要派出经验丰富的高级人才，怎样在短时间内快速复制这样的人才？华为是这样做的：

- 第一步，在五大洲分别找出业绩最好的国家代表，把他们召回总部，让他们分别列出开拓海外市场的关键问题清单。华为将他们列出的问题进行对比，整理为 8 个关键问题，比如关税、建厂、劳工、政府关系等。

- 第二步，把这 8 个关键问题变成 8 个培训主题，分配给 5 位国家代表，每个人负责 1 ～ 2 个主题的培训开发，包括编写教案、制作课件和实际登台教学。期间会有培训专家对这 5 位国家代表进行专业辅导。

- 第三步，招募学员进行实战培训，培训结束、答辩通过的员工才可以被正式派驻海外。当这些人走上"战场"，实际开展工作时，发现遇到的大部分问题已经提前做过沙盘预演，就能做到心中不慌、有条不紊地去解决问题。

华为就是通过这种方式，短时间内培养了几百名国家代表，保障了海外业务的快速扩张。可以说，把组织内部个人的成功经验进行标准化、规模化复制，华为已经做到了极致。

越来越多的企业经营者发现，相比于传统的师徒制，这种规模化复制的方法可以非常高效地解决开拓海外市场时 70% ～ 80% 的问题。当然，那 20% ～ 30% 的具体应对及操作细节，就只能靠个人领悟了。

我们知道，人的成长需要持之以恒地刻意练习。每月、每周、每天坚持学习提升，看似枯燥乏味，实则极为关键。很多企业的失败很可能仅仅是关键部门，或者一两个重要职能出现了短板。因此光是日常的学习还不够，还需要适时完成关键跨越，让员工们在复杂的、充满不确定性的环境下经受考验，得到历练，快速提升其学习、适应、分析、判断的能力。这不仅能帮助他们加速成长，还能让他们及早做好担任更高层级岗位的准备。

当前，很多企业还没有构建人才培养体系，更不要说设计相关的质量监督激励机制，总体的原因是缺乏有效的流程、机制和方法。当前企业比较常见的做法就是由人力资源部负责组织相关的培训，或者员工参加知名高校主办的高管培训项目（比如清华、北大、中欧及长江商学院等），有时企业会指派导师或高管教练。也有企业会采用轮岗培养，让员工在不同地区、不同部门得到锻炼。

这样的机制，培养人才有运气的成分，如果员工有幸遇到特别赏识自己且愿意培养自己的领导，他们才可能取得真正的快速成长。更多优秀的年轻人难以脱颖而出，经历数年估计也会泯然众人矣。

企业只有做好人才的识别与成长模型，构建企业发展的质量监督激励机制，做好人才选、用、育、留、汰的机制设计，才有可能让组织业务越发贯通，并让企业能够面对更长期市场竞争带来的挑战。团队成员培养机制模型如图 8-2 所示。

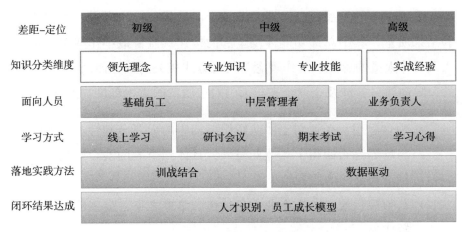

图 8-2　团队成员培养机制模型

企业经营者要和相关业务的负责人首先明确不同员工的差距与具体职级的定位，并按照企业不同业务分类的不同维度，面向不同层次人工构建基础知识学习、研讨激发、学习复盘等相关机制，并且结合实战训练，确保企业拥有源源不断的人才供应。

当今时代，数字技术及算法已彻底改造了企业人才培养的方式、方法与经营理念。作为企业经营者，核心需要思考的是如何借助新的技术，即时、准确地收集信息、分析数据。有了这样的实时自动分析，基于自动分析结果，企业经营者就具体问题开一个简短的业务负责人碰头会就可以明确人才培养方案。这需要企业有一套关于"四个质量"保证的机制才能够做到。业务贯通过程中企业的质量管控模型如图 8-3 所示。

导向质量	结构质量	过程质量	结果质量
理念思想	安全合规	细节管理	教育结果
	人才资源		
	合理配置		经营成果
价值观、愿景	环境建设	科技和数据驱动	

图 8-3　业务贯通过程中企业的质量管控模型

纵观企业的发展过程，通常涉及导向质量、结构质量、过程质量和结果质量，其中总部功能涉及全部的构建，监督最小作战单元负责人及具体人员的思想、工作理念与行为方式相关的方方面面。

导向质量：涉及企业个人与部门对于质量的重视程度与态度。

- 理念思想：企业对于团队组织结构中的配置合理性、人才匹配与培养是否跟得上企业的发展，具体到个人的安全合规、管理细节和最终的服务结果。
- 价值观、愿景：在企业文化宣传与培养之下，员工能达成的经营成果。

结构质量：涉及企业组织结构的稳定性与长远发展可能性。

- 安全合规：符合社会、行业、企业经营管理制度。
- 人才资源：能够快速培养、匹配相关人才。
- 合理配置：针对不同业务形式和最小作战单元要求配置相关资源。
- 环境建设：人、财、物及内外部工作环境配置。

过程质量：涉及企业业务全流程及人员工作场景。

- 细节管理：企业每一个工作场景业务涉及的流程、规范及交付品质。
- 科技和数据驱动：采集相关行为数据，并且能够分析具体执行人员的价值贡献，提供高效行动的建议。

结果质量：涉及企业对于具体场景的相关工作教育成果，团队灵活性、创新性经营成果评估。

- 教育结果：评价具体角色应该掌握的能力，运用到实际工作场景中的情况。

- 经营成果：企业业绩情况、价值创造情况分析。

基于企业的自身能力和所处行业的不同，根据质量管控模型及不同的角色划分，抽离出基于企业数字化转型相关的工作分类的具体场景，并面向业务组织、最小作战单元进行能力评估，如图 8-4 所示。

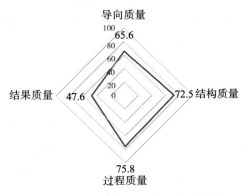

图 8-4　完成质量的数字化展示示例

数字化展示可以明确业务团队、最小作战单元下人员实际价值贡献的成果，基于企业质量建设和监督机制设计，不断完成企业具体场景、流程的优化。通过新技术让员工快速掌握新时代企业需要的能力，并通过机制倒逼员工成长的企业，将能够从容面对任何挑战。

8.2　组织结构调整

组织结构是组织内各业务单元在分工与协作过程中，基于运营机制构建的一个管理系统的框架。其本质是组织相关业务相关人有秩序地进行价值创造的行为，在职务范围、责任、权利方面所形成的结构体系。

组织结构也是组织在职、责、权方面的分工、协同体系，其本质是为实现组织战略目标而采取的举措，如果企业出现巨大的战略调整，那么组织的结构必须随着战略目标的改变而调整。

近年来，有不少专家将企业在数字经济时代转型失败的结论落在了组织的结构上。诸如金字塔结构、科层制等在工业经济时代行之有效的体系，成为数字经济时代企业转型升级失败的众矢之的。

本节将从时代变化下企业结构的演进过程出发，分析领先企业进行了怎样的结构调整，以及相关组织机制调整的原则，给读者关于企业转型升级，尤其是数字化转型升级最终落地的相关参考。

8.2.1　时代变化下组织结构的演进

在企业经营的发展史上，金字塔结构曾使企业处于领先地位，随着时间的变化逐渐出现了直管型结构、职能型结构、流程型结构和网络型结构。当然，当前大部分企业并非属于这四种类型标准的形态，还存在着多者兼容或进化的情况。

随着社会进入工业经济时代，企业经营者们最先采用的就是直管型结构。这个结构虽然看起来简单，但是奠定了企业起步阶段坚实的基础，也从侧面推动了企业对社会经济的巨大贡献。

直管型结构是一种以命令的直接下达和直接监管为特征的组织结构模式。这种组织结构可以基于企业经营者独特的资源和能力优势，有效地把团队成员的价值聚集在一起。这种组织结构内部没有明确的权、责、利分层，其企业核心竞争力的关键在于企业经营者的能力。

当客户需求变化得越来越快的时候，就算再强的领导者也很难面面俱到。这个时候，通过业务经营构建的职能型结构将取代直管型结构，这让企业的结构形态实现了升级，分工、协同下的精细化工作、职能单元与职位层级等更清晰，企业能够快速实现规模化扩张。

职能型结构最早被通用汽车当时的总裁艾尔弗雷德·斯隆在 1942

年提出，当时这种组织结构被称为划时代的组织变革，其核心是将企业经营分成上下两个层级，形成总部和分公司的协同关系。其中总部集中一些共同的支撑职能，分公司和事业部则集中能够创造价值的业务职能。这也是让很多企业最终走上多元化、国际化的组织结构。

随着市场需求变得越来越多变且分散的时候，职能型结构因为受限于总部的管理，不能灵活地应对市场变化，或者通过自身的创新赢得市场。这时候开始有企业通过流程型结构实施集成化、系统化的管理方式，让市场需求和价值创造的团队形成合力，一同为客户提供个性化的解决方案，而非标准化的产品。

在流程型结构的企业中，不再进行任务分工和专业协作，而是通过系统化、集成化的方式，先构建出最小业务单元，并基于一个项目的目标不同、业务负责人统筹不同，让最小业务单元在相同的业务流程中，完成企业的价值创造。

搭建流程型结构，需要互联网技术的支持，进而使每个最小业务单元中的每个人，都能在价值创造的业务流程中有效对接，让原本的分工、协作流程变得简单。同时，客户的需求与企业的业务被业务负责人和价值创造团队更紧密地结合起来，在更加灵活的同时，增加了创新点并提高了客户满意度。

从组织结构的演进过程中，我们发现科学技术尤其是互联网技术的应用，对于企业运营效能的提升起到了决定性作用，通过团队成员的能力画像及业务价值创造的统计与评估，让组织价值创造的能力从低向高转变。当然互联网技术在流程型结构中应用到一定程度后才会体现出来。

流程型结构在企业管理上还是以企业实现设计好的流程开展面向客户价值的创造，以此满足客户需求。随着市场不断地发展，客户需求也在变得个性化。面对每一个需求，企业流程负责人都要做出对应的变化，这令客户需求变得难以被系统化、集成化地满足。

在我们看来，虽然世界仍然存在着各种变化，但是全球经济一体化必然会实现。因为互联网技术会拉动全世界人参与到需求满足的工作中，并且基于数据资产满足一个个独特的需求。

想满足如此多样化、个性化的客户需求，需要一种全新的价值创造、价值服务的结构——网络型结构。在这种组织结构中，价值创造者有可能存在于企业内部，更有可能存在于企业外部。网络型结构模式完全基于客户价值和企业价值的联合创造这一原则，在没有固定业务流程的情况下，能让企业的经营效能达到最高。这里我们要强调的是，在网络型结构中，企业中的部门、职位乃至团队都会彻底消失，所有的价值贡献者和业务流程都是基于客户需求临时组建的。这时企业本身的效能最高、内耗最小。

2015 年 12 月 7 日，时任阿里巴巴集团 CEO 张勇通过一封内部信说，"今天起，我们全面启动阿里巴巴集团 2018 年中台战略，构建符合 DT 时代的更创新灵活的'大中台、小前台'组织机制和业务机制"。

"中台"的出现，是企业应对数字经济时代商业竞争的策略。随着互联网技术越来越深入日常生活，人们的消费选择权提升，个性化需求明显。这意味着企业想要持续生存，既要有强大的"前台"销售价值，更要有为业务支撑的"中台"应对能力。而从规律来看，最终决定企业核心竞争力不是"中台"，而是"后台"的能力与数字资产沉淀。因为只有"后台"或者说总部，才有能力驱动整个组织的价值链，达到"运筹帷幄之中、决胜千里之外"的效果。

8.2.2　数字经济时代的组织结构

斯坦福商学院教授乔尔·彼得森说："规模扩大带来的僵化，是许多组织最终失败的重要原因之一。无法把团队建设规模化，无法把小团队拥有的那种活力、韧性、成员间的信任度扩大化，是很多组织失败的重要原因。"

《赋能：打造应对不确定性的敏捷团队》一书的作者斯坦利认为，以规划、预测为基础的管理模式，已经不能应对今天的新情况。要想战胜这样的对手，自身也必须发生变化。这些变化包括：

- 在组织结构方面，不能再延续此前的条块化组织，而是必须网络化。
- 在组织目标方面，不应把追求效率放到最重要的位置，而是要获得弹性和持续适应的能力。
- 在组织的文化方面，要从强调规划和纪律，变成强调敏捷和创新。
- 在组织的行动基调方面，要从坚定执行上司的任何指令变成自主决策，在与上司保持密切联络的同时，随时切换自己的行动。

那么如何应对时代的挑战，进行组织相关的调整？选择最小作战单元是不错的方式，通过最精简的人员配置，达到灵活性与弹性。

韩都衣舍是这一领域的优秀实战案例，总结成一句话：公司总部提供平台资源，业务权限下放给最小作战单元，激活员工活力。

构建最小作战单元的前提是组织自身已经构建了强大的总部功能，能够给各单元当下最需要的支持，各单元在独立决策的同时，能够得到总部的强大支持，进而才有可能获得收益，与组织共赢。

为了保证每个作战单元都能保持积极性，组织应为连续一段时间排名靠前的单元提供奖金、期权之外的更多奖励，比如孵化出独立的子公司或子品牌。如韩都衣舍就倡导反响好的小团队做成独立品牌。

在这个品牌达到一定的销售额和利润之后，韩都衣舍还会为团队成员举行"成人礼"，单元除了拿到原有的提成和另外的分红外，还可以再孵化自己的子品牌。这样，公司就可以不断裂变出新品牌，新品牌独立后也会变成孵化新品牌的平台。韩都衣舍从 2012 年开始用这套方法，现在已经裂变出多个子品牌。

韩都衣舍在最小作战单元设计上，除了在公司内部构建总部功能平台，成立小团队并充分授权之外还强调两点：

- 大平台上的业务单元应该尽可能地小。业务单元越小，相对于同行的竞争力就越强。但是这个小是相对的，不是绝对的。韩都衣舍的业务单元可以只有 3 个人，但是有些行业业务单元最少也要有上百人。只要业务单元比同行业竞争对手小，效率就会相对高。

- 对于平台上的公共资源，比如供应链、仓储、物流等公共部门，怎样调动它们的积极性呢？只要让业务小组充分竞争，竞争压力会自动回传到公共部门。比如司机运货时间超过了预期，影响到小组的业绩和收入，组长就会投诉，倒逼公共部门改进服务。小组间的激烈竞争，会让每个组长追求公共部门的最大资源支持，最终形成对公共部门的变相监督和激励。

在数字经济时代，企业必须构建起一套最小作战单元的体系，让"听到炮声"的伙伴基于自己利益最大化的角度行动，让"最前线"的团队真正承担起责任，才能让企业发展得越来越好。

当然，企业发展过程当中为了责权分明、考核指标清晰、管理有效、自上而下地传达更加顺畅，需要进行企业组织架构的建设。组织建设本身就形成了职责、岗位以及部门，所以企业内部的环境壁垒是发展中的必然产物。但是壁垒一旦出现就需要有人推动去打破，要基于时代的发展、企业所在行业的变化，动态地调整企业成员的权、责、利和绩效指标。

企业经营者需要将团队的分工、协作，通过数字化的方式进行沉淀与分析，并将原有的统一分配和单一的工作角色，转变成动态协作与复合能力角色。将原来直接管控或分层管理的形式，转变成管理者与业务负责人由上至下共同规划工作目标、共同推进。

互联网技术带来了全新的商业机会，也在逐步颠覆旧的商业模式。我们在给企业提供顾问服务及行业研究的过程中也发现，所有企业围绕客户价值创造的企业经营模式，都在通过互联网的方式获取及分析客户需求，然后实现客户价值创造，通过数据资产的形式寻找企业未来组织结构调整的依据。

8.2.3 组织结构调整的原则

纵观时代变化下企业组织结构的演进和数字经济时代组织结构的呈现，其本质无外乎就是"搭积木"和"建管道"，即在明确战略要求的情况下构建符合逻辑的组织结构和遵循组织内人与人之间互动关系的运营机制。

这里我们用一家 2003 年成立的幼教连锁集团阳光雨露数字化转型的实操案例，和读者分享从全局洞察到组织再造执行的全过程，以及最终组织结构调整的原则。

在中国，幼教产业发展分为三个阶段：2010 年以前优秀的幼儿园不多，家长争抢名额造成入园难；2010 ～ 2018 年开始出现优秀的幼儿园连锁主体，资本开始关注并投资幼教领域，进而导致幼儿园迅猛发展，数量呈几何级增加；2018 年之后，随着幼儿园产业的快速发展，产能过剩出现，很多地区的园所可承接人数已经远远大于当地适龄儿童数，进而导致整个幼教产业进入升级阶段，高端幼儿园由于高品质的教学质量、效果持续持续受到家长偏爱。

　　如果说2018年之前的幼教产业享受着人口红利的"电梯红利"，那么如今所有的学前教育产业的经营者都在面临着充分竞争带来的运营成本、开发成本增加，而学员的数量却大不如前的困境。这也是当前中国大多数企业经营者面临的现状。我们绘制了幼教产业地图（见图8-5）。

　　幼教产业分为幼儿园基础设施、教育服务、经营管理等，关注儿童发展、儿童成长和家庭入口产品体系，并围绕服务内容形成垂直特色课、亲子活动、玩教具及出版物等产品、产业链及产业生态。中国幼教产业主要存量市场规模如图8-6所示。

　　针对这样的产业格局、市场规模，阳光雨露基于自身所在产业生态中的位置，及时地调整自身的战略方向，从原来推行的集团化自主管理、构建共享制教育组织的规划，更改为构建长期教育科技新模式、形成幸福教育形象力。

　　也就是说，阳光雨露基于成熟的园区管理、培训体系、人才管理机制，不再通过自主投资扩展园区的形式发展，转而利用自身的品牌、幼儿园的运营能力和资金，面向其他幼儿园提供经营托管服务。阳光雨露的新战略定位如图8-7所示。

　　由此，阳光雨露从原来的总部直营园所的模式，改为了区域教育集团的模式，践行中国启蒙教育，构建学校—家庭—社会一体化教育生态体系，力争做到儿童教育区域经营的第一品牌和中国启蒙教育的超一品类。

　　这样的战略目标，是基于阳光雨露已经沉淀的在经营力、发展力和影响力衡量标准的存量能力情况之下构建的战略规划。这里的经营力是指区域内相关园所的人、财、事、物的统一管理标准和管理体系；发展力是指区域内园所营收过千万元的体量；影响力是指通过线上传播打破距离局限，影响全域的能力。

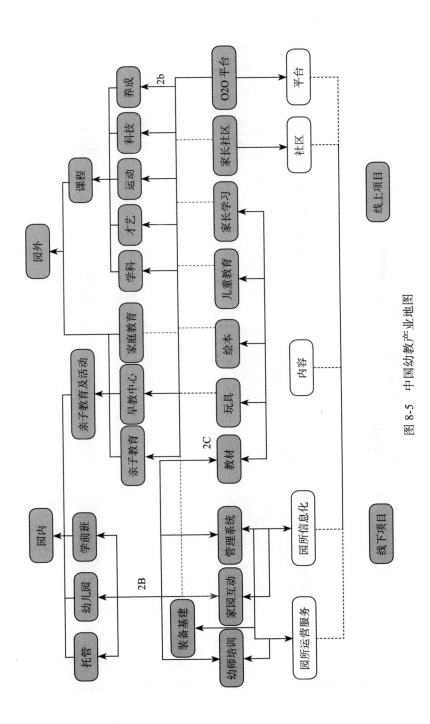

图 8-5 中国幼教产业地图

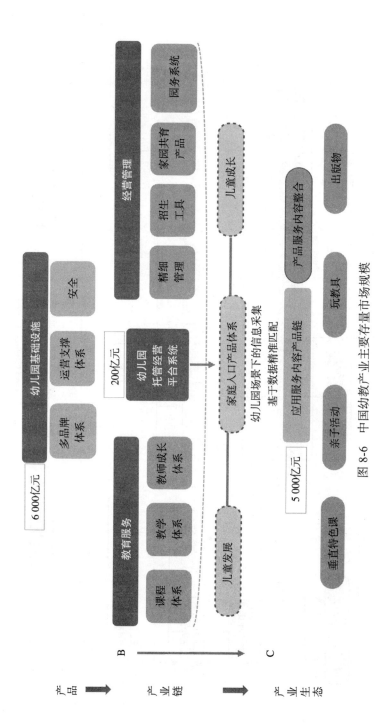

图 8-6　中国幼教产业主要存量市场规模

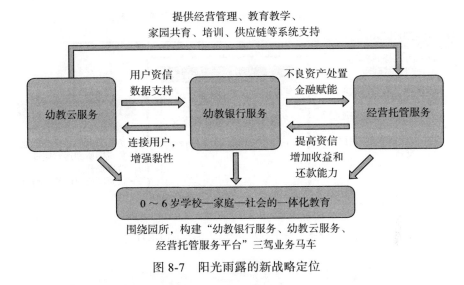

图 8-7 阳光雨露的新战略定位

要想达成这样的目标,阳光雨露必然要对原来的组织结构进行调整,从总部直营的方式变成区域深耕模式,进行分级、分型和优化,进而实现掌握区域定价权、订单分配权,可以提供高密度服务的战略。

想要完成战略定位的落地,就要思考相关组织结构调整过程中的运营机制问题,即总部负责战略定位、品牌流量和科技赋能,区域负责业务发展、教学质量和运营,具体的园所负责日常经营管理,基于战略定位的组织结构设计如图 8-8 所示。

在这样的战略规划之下,要求阳光雨露总部给园所提供经营业绩的所有信息、认知、资源和能力等相关稀缺资源,并且能够在人才、财务和资本、数字化、品牌等方面提供相关支持,如图 8-9 所示。

阳光雨露基于战略下的总部职能搭建结构,面向区域深耕和体系品类第一的目标构建强大的总部能力,建立区域拓展、区域发展、区域运营和园所质量等的支持中心,并针对每个职能板块构建相关框架。

总部－区域－园所的三级运营管理体系

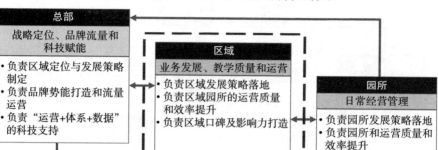

图 8-8　基于战略定位的组织结构设计

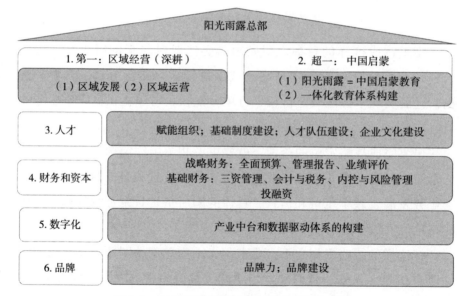

图 8-9　阳光雨露战略定位后的总部职能结构

　　阳光雨露基于这样的组织结构和职能规划，为了确保团队的每一个成员都能聚焦到自身重要的目标上，用数字化的方法衡量工作绩效，通过公开、公平的方式，达到力出一孔、上下同欲的目的，工作全景图如图 8-10 所示。

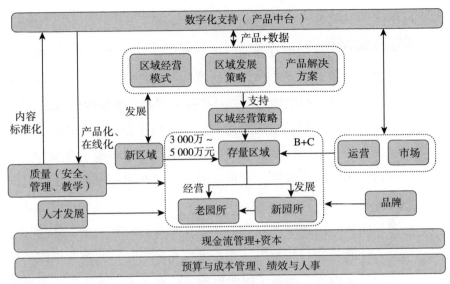

图 8-10　阳光雨露组织结构调整后的工作全景图

阳光雨露基于这样的工作全景图，进一步细化相关运营体系、效能及质量保障体系，用来支撑最终服务儿童的核心角色的工作，如图 8-11 所示。

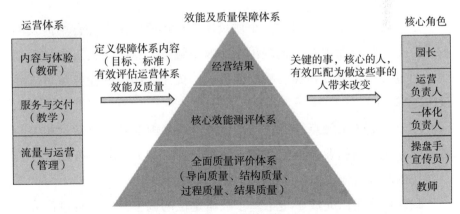

图 8-11　阳光雨露基于组织结构调整构建人、事匹配

在这一过程中，阳光雨露针对导向质量、结构质量、过程质量和

结果质量进行相关定义：

- 导向质量：导向维度强调的是幼教从业人员的教育观、教育价值取向和教育信念，包含了幼教从业人员对儿童本身，对儿童发展及教育目的的理解以及对自我学习和自我发展的认识。
- 结构质量：结构质量指的是办园条件和社会框架性条件，比如班级人数、师生比例、房屋条件、园所空间布置、教学与游戏器材配备、师资水平、课程结构安排、教师稳定性、工作时间安排等。
- 过程质量：过程维度包含了儿童在园所的所有经历、体验与感受，比如教师与儿童之间、儿童与儿童之间、儿童与周围环境之间的互动等，涵盖了园所机构广泛意义上教育工作中发生的一切。
- 结果质量：结果质量指儿童身心、情感、认知等各方面的发展，包括家园互动、家长对园所教学活动的参与，园所工作对家庭教育的支持等。

阳光雨露基于幼儿园的四个质量体系，将原有园所经营中涉及的业务节点进行全面审视，梳理出了 238 个触点，总结相关工作场景细则，通过文档、视频和现场教学等方式，传递给相关的业务负责人并要求掌握。

基于这 238 个触点和工作场景梳理，阳光雨露就可以通过相关的数字化系统，根据业务框架和指标体系，针对相关角色进行绩效评价及对应的改进措施，或者进行相关优化策略的设计。

最终阳光雨露完成了整个基于战略定位的调整，将自身过往成功的园所运营经验，变成为其他园所经营提供支持的咨询能力，构建相关人才的培养体系，通过完善的培养体系，影响相关团队成员的思想和行为，如图 8-12 所示。

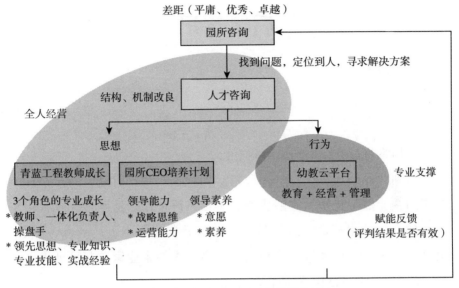

图 8-12　阳光雨露组织调整的最终形态

在我们看来，组织结构调整的重要原则，就是要满足企业在数字经济时代变革过程中的兼容性和扩张性。基于企业的全局洞察和战略定位，明确存量的优势和发展方向，紧紧围绕当前和未来企业数据资产的价值所在，依据市场需求重塑整个组织结构，并且在相关组织结构确定落地之前，应针对相关商业模式规划好对应组织结构模块中相关的业务职能，明确对团队的支持及要求，基于企业相关机制的设计，最终确定组织的结构调整方案。

后　记

一切终将过去，一切又终将开启。

写到此处，拙作算是告一段落。回顾这段写作时光，乃至过往十余年的企业数字化转型实践历程，不由一阵恍惚。这既是一本提供给企业的迎接技术革命，进行数字化转型并构建数据资产的参考手册，更是我们这十几年来从混沌到与中国最优秀的企业家一起见证中国企业实现数字经济领跑心路历程的总结。

中国的企业家都在日夜精进，在构建能够影响产业格局的商业帝国的同时，让世界看到中国制造的力量。正是这样一群企业家，借助中国改革开放的政策支持，助力中国成为世界第二大经济体，让中国在国际社会上拥有了越来越大的话语权，走出了一条具有中国特色的企业发展之路。

这是一本写得非常艰难和令人惶恐的书。

我们通过对中国企业数字化转型先行者的探索、实践进行谨慎地分析，大致描绘出了数字经济和企业数字化转型路线图设计的全貌。虽然我们尽量将其描绘得全面，但是恐不能深度把握其深远的内涵。

作为中国数字化转型的实践者和咨询服务行业从业者，我们将不断提升对时代环境的了解、认知，深化我们对数字经济本质和模式的理解。这里要感谢许多人帮助我们完善本书的思路，我们在写作中也参考了这些伙伴提供的案例、观点。

　　我们衷心感谢刘雅丽（北京世维创富教育科技有限公司）、赵士恒（上海智洋网络科技有限公司）、赵宏宇（上海恒柯法律咨询有限公司）、焦运涛（黑龙江省科学院）、陈管彤、崔楠（易猎云（海南）科技有限公司）、林国添、房皓阳（健生来康（北京）科技有限公司）、姜薇、杨子任（深圳九章数据科技有限公司）、姚兰（仲恒（天津）国际人力资源有限公司）、王雅澜、李婷、杨桂花（东森聚创（北京）科技有限公司）、杨腾飞、刘迪、方松松、邢育铭（北京邮电大学）。

蒋麒霖　郭丹
2023 年 8 月于北京